신에 관하여

Sprechen über Gott. Ein Dialog mit Simone Weil
by Byung-Chul Han

Copyright © MSB Matthes & Seitz Berlin Verlagsgesellschaft mbH, Berlin 2025
All rights reserved.
Korean translation copyright © Gimm-Young Publishers, Inc. 2025
This Korean edition was published by arrangement with MSB Matthes & Seitz Berlin Verlagsgesellschaft mbH, Berlin.

이 책의 한국어판 저작권은 저작권사와의 독점 계약으로 김영사에 있습니다.
저작권법에 의해 한국 내에서 보호를 받는 저작물이므로 무단전재와 무단복제를 금합니다.

신에 관하여
시몬 베유와의 대화

한 병 철
전대호 옮김

김영사

신에 관하여

1판 1쇄 인쇄 2025. 12. 1.
1판 1쇄 발행 2025. 12. 15.

지은이 한병철
옮긴이 전대호

발행인 박강휘
편집 강영특 **디자인** 박주희 **마케팅** 고은미 **홍보** 강원모
발행처 김영사
등록 1979년 5월 17일 (제406-2003-036호)
주소 경기도 파주시 문발로 197(문발동) 우편번호 10881
전화 마케팅부 031)955-3100, 편집부 031)955-3200 팩스 031)955-3111

값은 뒤표지에 있습니다.
ISBN 979-11-7332-439-0 03100

홈페이지 www.gimmyoung.com 블로그 blog.naver.com/gybook
인스타그램 instagram.com/gimmyoung 이메일 bestbook@gimmyoung.com

좋은 독자가 좋은 책을 만듭니다.
김영사는 독자 여러분의 의견에 항상 귀 기울이고 있습니다.

차례

서문 ··· 7

주의 ··· 9
탈창조 ··· 45
빈자리 ··· 63
고요 ··· 85
아름다움 ··· 99
아픔 ··· 117
무위 ··· 129

주 ··· 146

일러두기

• 원문의 이탤릭은 고딕으로, '» «'는 큰따옴표로 표기했다.

서문

얼마 전에 시몬 베유가 내 안으로 들어왔다. 내 영혼 안에 둥지를 틀었다. 이제 내 안에 살면서 말한다. 나는 속으로 그녀와 친밀한 대화를 나누기 시작했다. 그녀의 생각에 깊이 끌리는 것을 느꼈다. 내 영혼 안에서 그녀는 이제껏 내가 제대로 의식하지 못했던, 그러나 늘 그야말로 절실하게 품고 있던 무언가를 거론했다. 그녀가 내 삶에 들어온 시기는 나 자신도 저 **힘**을 감지한 때였다. **위로부터** 온 힘, 나보다 더 강한 힘, 성 프란체스코가 자주 기도한 곳인 아시시의 산타 마리아 델리 안젤리 성당에서 1937년에 시몬 베유를 무릎 꿇린 힘.

시몬 베유는 평생 자신의 사상이 잊힐까 봐, 자신과

함께 묻혀버릴까 봐 걱정했다. 페랭 신부(조제프마리 페랭 Joseph-Marie Perrin, 1905~2002. 프랑스 신부, 레지스탕스—옮긴이)에게 보낸 편지에서 그녀는 이렇게 쓴다. "나에게 내려온 생각들이 나의 부족함과 가련함에 물들어 죽어버릴 수도 있다고 걱정해야 한다는 점이 나에게 큰 고통입니다."[1] 열매 맺지 못하는 무화과나무 이야기를 읽을 때면 늘 소름이 끼친다고 그녀는 전한다. 열매 맺지 못하는 무화과나무 꼴로 그리스도 앞에 선 느낌이 그녀의 심장을 찢는다고 한다. 그럼에도 그녀는 자신의 사상을 누군가가 사용할 수도 있다는 희망을 밝힌다. "하지만 내 안에 있는 생각들이 적어도 일부는 혹시 당신에 의해 사용될지 누가 알겠습니까. 그 생각들은 나를 어느 정도 친구로, 하지만 참된 친구로 느끼는 사람에게만 적합할 수 있습니다."[2] 나는 시몬 베유에게 깊은 우정을, 정말이지 영혼의 우정을 느낀다. 그러므로 거의 100년이 지났지만, 나는 그녀의 사상을 사용할 수 있다. 생산과 소비의 내재 너머 저편에, 정보와 소통의 내재 너머 저편에 더 높은 실재가 있음을, 의미를 깡그리 상실한 삶으로부터, 한낱 생존으로부터, 고통스러운 존재 결핍으로부터 건져내고 우리에게 행복한 존재 충만을 줄 수 있는 **초월**이 있음을 보여주기 위해서.

주의

가장 높은 수준의 주의는 기도와 같다.

뗄 수 없는 한 쌍으로 맺어진 새 두 마리가 같은 나무에 앉아 있다. 한 마리는 나무 열매를 먹는데, 다른 한 마리는 먹지 않고 바라본다.

- 시몬 베유

오늘날 종교가 처한 위기를 단순히, 특정한 믿음 내용들이 타당성을 상실한 탓으로, 우리가 더는 신을 믿지 않는 탓으로, 또는 교회가 신뢰를 상실한 탓으로 돌릴 수는 없다. 오히려 구조적인 이유들이 있다. 우리가 의식하지 못하는 그 이유들이 신의 부재를 일으킨다. 한 가지 이유는 **주의**注意**의 몰락이다.** 종교의 위기는 주의의 위기이기도 하다. 보기와 듣기의 위기인 것이다. **신은 죽지 않았다. 과거에 신은 인간에게 자신을 드러냈는데, 신의 드러남을 마주할 인간이 죽었다.**

지각은 더없이 게걸스러워졌다. 관조적 너비를 마지막 한 뼘까지 상실한 채로, 지각은 끊임없이 **먹는다**. 소비가 지각의 기본 태도다. 영어 Binge Watching('몰아보기'에 해당함—옮긴이)은 지각의 게걸스러움을 표현하기에 딱 알맞은 단어다. Binge는 도를 넘은 먹어 치우기를 뜻한다. 지각은 정보 쓰레기와 소통 쓰레기, 소리 쓰레기와 광경 쓰레기를 먹고 살쪄 거의 비대해진다. 우리는 우리 자신을 소비 가축으로 변화시킨다. 지각은 점점 더 자극과 중독에 휘둘린다. 이제 지각은 먹는 일에만 몰두하므로 더는 **바라보지** 않는다. 시몬 베유는 이렇게 쓴다. "바라보기와 먹기는 여기 지상에서 서로 다르다. 둘 중 하나를 선택해야 한다. 둘 다 사랑으로 불린다. 한동안 먹지 않고 바라보는 자로 머무르는 일이 때때로 벌어지는 자들에게만 구원의 희망이 어느 정도 있다."[3] 먹기는 욕구를 충족시킬 따름이다. 오로지 바라보기만이 의미를 상실한 소비의 내재로부터 우리를 구원한다.

오늘날 주의가 처한 위기는 우리가 바라보는 대신에 모든 것을 먹고 소비하려 하는 것과 관련이 있다. 게걸스러운 지각은 주의를 요구하지 않는다. 그런 지각은 제공되는 모든 것을 삼켜버린다. 오로지 **금식하는** 영혼만이 바라볼 수 있다. 금식할 때 영혼은 자가포식Autophagie을 작동시켜 자신의 저급하고 게걸스러운 부분을 먹어 치운다. 오로지 이 같은 **영혼의 자가포식**만이 우리를 구원하고 신에게로 이끈다. "영혼의 영원한 부분은 굶주림을 먹고 산다. 사람이 먹지 않으면, 몸은 자신의 살을 소화하여 에너지로 변환한다. 영혼도 마찬가지다. 먹지 않는 영혼은 영혼에서 죽음을 면할 수 없는 부분을 소화하고 변화시킨다. 영혼의 굶주림은 견뎌내기 어렵지만, 병을 치유하는 다른 수단은 없다. 굶주림은 살아 있는 몸에서 죽음을 면할 수 없는 영혼의 부분을 죽게 한다. 그리하여 살로 이루어진 몸이 단박에 신에게 종사하게 된다."[4]

바라보지 않고 먹기만 하는 영혼은 관조적 능력을 상실한다. 그런 영혼은 자가포식 하지 않고 **비만증**에 걸린다. 그런 영혼에서는 먹기에 종사하는 자연적인 부분, 죽음을 면할 수 없는 부분이 커지고 뚱뚱해진다. 반면에 영혼의 신적인 부분은 위축되고 작아진다. 관조적인 주의는 바라보기를 위한 본질적 조건이다. 관조적인 주의는 사물을 소유하려는, 섭취하여 흡수통일하려는 의지 없이 바라본다. **바라볼 수 있는 자는 자기를 비워, 아무도 아닌 자가 된다.** 자기 안에 **빈자리**Leere(《중력과 은총》한국어판(윤진 역)의 번역어를 채용함—옮긴이)를 조성한다. "아무도 아닌 자가, 결코 아무도 아닌 자가 보는 풍경의 아름다움…"[5]

시몬 베유에 따르면, '나'에게 종사하는 상상력은 **끊임없이 먹기를 꿈꾼다**. 나의 욕구와 바람, 관심에 사물을 종속시킨다. 그렇게 상상력이 사물을 요리하고 집어삼킨다. 우리는 사물을 그 실상대로 보지 못한다. 이 같은 "중력"으로서의 상상력은 영혼을 눈멀게 하여 영혼이 따라야 마땅한 **참된 상황**을 보지 못하게 만든다. 그런 상상력은 영혼을 가로막아 초월적인 것을 향해 솟구치지 못하게 한다. "두 가지 복종이 있다. 중력에 복종할 수도 있고, 상황에 복종할 수도 있다. 첫째 복종에서 사람은 빈자리를 일일이 메우려 애쓰는 상상력이 다그치는 대로 행동한다. […] 상상력의 다그침과 외견상의 충족을 꺼버리고 상황에 주의를 기울이면, 복종할 수밖에 없는 필연이 나타난다. 거기까지 도달하기 전에는 필연의 개념도 참된 복종의 느낌도 가질 수 없다."[6] 중력은 영혼을 잡아채

아래로 끌고 간다. "저급하다고들 하는 모든 것은 중력의 현상이다."[7] 중력은 영혼의 자연적인 부분을 지배한다. 중력이 지배하는 영혼 부분의 **충만**은 영혼에게 바라보는 능력을 주는 **빈자리를** 몰아낸다.

종교는 사물을 향한 주의를 전제한다. 처분 가능하게 만들기, 소비하기, "먹기"를 기피하는, 사물을 향한 주의를 전제한다. 처분 불가능성이야말로 관조적 주의가 향하는 상대의 본질이다. 처분 불가능성이 주의를 심화한다. 관조적 주의는 사냥꾼의 빠릿빠릿함과 정반대다. 추구하거나 사냥하지 않고, 경청하고 하염없이 머무른다. 목표와 성과를 향한, 이해득실을 따지는, 이리저리 돌아다니는, 추구하는 대상을 재빨리 움켜쥐려 애쓰는 사냥꾼의 주의는 종교적 경험에 해롭다. "무언가를 추구하는 나쁜 방식. 문제에 속박된 주의. 빈자리 앞에서 나타나는 또 다른 형태의 신앙. 자신의 노력이 낭비되는 것을 원치 않는다. 사냥꾼의 집요함. 발견하려 하지 말아야 한다."[8] 종교적 주의는 "추구하기"가 아니라, "달라붙기"가 아니라 "바라보기"다.[9] 어쩌면 그렇기 때문에 우리는 기도할 때 손을 펴는 것이다. 어떤 식으로도 **움켜쥘** 수 없는 열린 공간을, 달라붙기를 허용하지 않는 허공을 바라보는 것이다. 허공에는 "먹을" 것이 없다. 우리가 확고히 달라붙을 만한 곳이 없다. 모든 달라붙기를, 모든 의지를 떠나보낼 때 비로소 우리는 해방하는 빈자리에 도달한다.

디지털화는 실재의 총체적 처분 가능화를 급격히 가속한다. 디지털화는 우리를 만사가 곧바로 처분 가능하고 도달 가능하고 예측 가능하고 소비 가능한 것에 익숙해지게 만든다. 그렇게 주의를 납작하고 천박하게 찌그러뜨린다. 처분 불가능한 것에 접근할 통로를 제공해야 할 정신적 태도들인 기다림과 참을성 등은 쇠퇴한다. 자극으로서의 정보는 주의를 산산이 조각낸다. 깊은 주의는 자극에 휘둘리지 않는다. 깊은 주의는 도리어 자극을 견뎌내고 심지어 물리친다. 깊은 주의는 기도와 같다. "주의가 충만할 때는 오로지 신만을 생각할 수 있다. 거꾸로, 오로지 주의가 충만할 때만 신을 생각할 수 있다. […] 최고의 엑스터시는 주의의 충만이다."[10]

오늘날 우리는 끊임없이 방향을 전환한다. 한 정보에서 다른 정보로, 한 자극에서 다른 자극으로 건너뛰며 휘청거린다. 끊임없는 방향 전환만으로도, 신은 우리에게서 멀어진다. "신은 방향 전환 없는 주의다."[11] 방향을 바꾸지 않는다면, 우리는 신 곁에 있을 터이다. 주의 깊게 바라보기만 하면, 우리는 어디에서나 신과 마주칠 것이다. "완전히 순수한 주의, 오직 주의이기만 한 주의는 신을 향한 주의다. 왜냐하면 신은 주의가 있는 만큼만 우리 곁에 있기 때문이다."[12]

중독은 주의가 없어도 작동한다. 우리가 중독에 주의를 덜 기울일수록, 중독은 더 잘 작동한다. 중독을 일으키는 자극은 주의를 마비시킨다. 오늘날의 **중독사회**는 주의 없는 사회다. 중독과 도파민이 지각을 이리저리 끌고 다닌다. 중독과 주의는 상반된 두 힘이다. 소셜미디어도 중독을 일으키는 알고리즘을 이용한다. 그 알고리즘의 목적은 사람들을 의존하게 만드는 것, 사람들을 통제하고 조종하는 것이다. 스마트폰은 디지털 중독 기계다. 검색 엔진도 결국 중독 기계다. 검색 엔진은 사냥꾼의 추격 열정에 불을 지핀다.

정보를 향한 꺼지지 않는 욕망은 놀라운 일이 주는 흥분을 먹고 산다. 정보는 현재성을 띠는 기간이 아주 짧다. 금세 자극성을 소진하고 빛바랜다. 따라서 우리는 정보 곁에 하염없이 머무를 수 없다. 극도로 짧게 유지되는 정보의 현재성은 주의를 토막낸다. "주의는 지속을 필요로 한다. 그렇기 때문에 변화하는 것에는 주의를 기울일 수 없다."[13] 깊은 관조적 주의는 지속하는 것을 향한다. 머무르고 존속하는 것을 향한다. 참된 것은 지속하는 것이다. 정보의 지배는 우리를 영구적인 현재성 현기증에 빠뜨림으로써 지속하는 것을 파괴한다. 관조적 주의를 기울일 능력, 바라볼 능력이 없는 사람은 진실에 접근할 수 없다. 참된 것에, 지속하는 질서에 접근할 수 없다.

상대가 처분 불가능할수록, 상대를 향한 주의는 더 참을성 있게 된다. 더 간절히 기다리게 된다. 주의(프랑스어로 attention)와 기다림attendre은 서로의 조건이다. 기도로서의 깊은 주의는, 처분 가능한 대상을 향하지 않은 열망Begehren을 영양분으로 삼는다. 깊은 주의로서의 기도가 향하는 상대는 우리를 중독시키지 않는다. 우리에게 달려드는 대신에 부재를 향해, 처분 불가능성을 향해 물러난다. 신은 **부재함으로써 빛난다**. "신은 피조물 안에 부재의 방식으로 임臨할 수밖에 없다."[14] 부재는 "신이 임하는 방식"이다.[15] 기도의 바탕에 깔린 것은 특별한 주의다. "애끓지만" "목표를 겨냥하지 않은" "요청Verlangen"이다.[16] 우리는 겨냥한 바 없이 기도문을 왼다. **신 앞에서 우**

리 자신을 연다. 가장 아름답고 높은 기도는 **바라는 바 없는 경청, 신의 침묵 속으로 파고드는 경청이다.**

수줍음은 처분 불가능한 것에 접근할 수 있게 해주는 정신적 태도다. 하이데거는 "어찌할 수 없음 앞에서 머뭇거리는 수줍음의 느림"을[17] 언급한다. 수줍음은 처분 불가능한 것을 향한다. "수줍음이란 가까움 안에 가까이 있는 그것을 향한 생각이다. 이때 가까움은 먼곳을 온전히 멀리 둠을 의미하며, 이 생각은 자제하고 참을성 있게 매달리면서 자기를 성취한다."[18] 수줍음은 먼 곳을 자기 것으로 만들려 하지 않고 먼 곳에 하염없이 머무르는 주의다. 수줍음은 "먼 곳이 나타날 때만 깨어난다". 오늘날처럼 모든 것이 즉각 처분 가능하고 도달 가능하면, 먼 곳은 사라진다. 처분 권력이 수줍음을 밀어낸다. 가까움 안에 멂이 깃든 한에서 가까움은 거리 없음과 다르다. 우리는 처분 불가능한 것 앞에서 수줍게 **물러남으로써** 그것에 다가간다. 시몬 베유는 이렇게 말한다. "추구하는 대상 앞에서 물러나라. 오직 간접적인 것만이 효과를 낸다. [⋯] 포도송이를 잡아당기면, 낱낱의 포도알들이 바닥으로 떨어진다."[19]

선한 것의 본질적 특징은 기도로서의 주의를 흩뜨리지 않는다는 점이다. "선악의 완전한 기준은 단 하나, 끊임없는 내면의 기도다. 이 기도를 방해하지 않는 모든 것은 허용되고, 방해하는 모든 것은 금지된다."[20] 선은 간접적이고 불연속적이며 수줍은 반면, 악은 달려든다. 선에 주의를 기울이지 않으면, 선을 외면할 수 있다. 반대로 선에 충분한 주의를 기울이면, 선이 우리를 장악한다. 악은 거꾸로다. 악은 우리를 유혹하고 중독시킨다. 오직 주의만이 악을 물리칠 수 있다. 악은 말하자면 주의를 우회할 줄 아는 자극이다. "사람이 악에 주의를 기울이지 않으면, 악이 사람을 포획한다."[21]

 악은 바이러스처럼 행동한다. 모르는 사이에 영혼에 침입하여 증식한다. 악은 바이러스 감염처럼 퍼지고, 바이러스 감염은 주의를 우회할 줄 안다. 바이러스 감염은 디지털 소통도 지배한다. "밈meme"은 소셜미디어 안에서 확산하는 바이러스다. 인간 영혼은 말하자면 바이러스의 번식을 위한 숙주의 역할을 한다. 오로지 강화된 주의만이 바이러스 감염에 맞선 면역력을 발휘할 수 있다.

 선은 결속하고 화해시키는 반면, 악은 분리하고 분열

시킨다. 악은 **다양한 모습을 띠지만**, 선은 **단일한 진실**에 기반을 둔다. 무엇보다도 행위 없이 관조할 때, 무위할 때 우리는 선을 마주한다. 반면에 악은 눈먼 행동으로 표출된다. "선은 본질상 악과 다르다. 악은 다양하고 세분되어 있는 반면, 선은 하나다. 악은 공공연하지만, 선은 은밀하다. 악은 행위로 이루어지는 반면, 선은 무위로, 무위하는 행위로 이루어진다."[22]

시몬 베유가 보기에 악 혹은 폭력은 주의의 결여에서 비롯된다. 주의는 선과 악을 분리하는 필터와도 같다. 따라서 우리의 주의력이 향상되면, 세상에 폭력이 줄어들 터이다. 베유가 주창하는 **주의의 윤리**에 따르면, 15분 동안의 주의가 선행보다 더 중요하다. "영혼은 육체가 피로에 저항하는 것보다 훨씬 더 격렬하게 참된 주의에 저항한다. 그런 영혼은 육체보다 훨씬 더 가까이 악에 다가가 있다. 그렇기 때문에 당신이 정말로 주의를 기울일 때마다 당신 안에서 악이 파괴된다. 이런 의도로 주의를 기울인다면, 15분 동안의 주의가 아주 많은 선행만큼의 가치가 있다."[23]

활동 및 성과 강제 아래에서 우리는 관조적으로 바라

보고 귀 기울이는 능력을 상실한다. 그런 바라봄과 귀 기울임은 행위하지 않음 곧 **무위**일 터이다. "주의: 영혼의 신성한 부분의 행위하지 않는 행위."[24] 관조적 주의는 어떤 의지도 없다는 점에서 행위하지 않는다. 즉, 무위한다. 그러나 우리는 의지에 의해 조종되는 영혼의 저급한 자연적 부분을 위해 이 신성한 부분을 포기한다. 하지만 의지를 품은 행동으로는 신의 곁에 도달할 수 없다. 주의는 "부정적인 노력"이다.[25] 의지를 품은 노력, 대상을 능동적으로 움켜쥐고자 하는 노력과 달리 주의는 수동적으로 기다린다. 무위야말로 주의의 결정적인 특징이다. "학교에서 연습문제를 풀 때 학생은 그 문제에 고유한 방식으로 진실을 기다려야 한다. 진실을 찾아 나서지 않으면서 열망해야 한다. 기하학 문제의 해답을 **탐색하지** 않으면서 문제의 조건들에 주의를 기울이기, 라틴어나 희랍어 텍스트를 마주하고 단어들의 의미를 **탐색하지** 않으면서 단어들에 주의를 기울이기, 글을 쓸 때 미흡한 단어들을 쳐내는 일 말고는 **아무것도 하지 않으면서** 알맞은 단어가 펜에서 **저절로** 흘러나오기를 **기다리기**."[26]

오늘날 우리는 탐색 혹은 검색에 중독되었다. 영혼 자체가 검색 엔진으로 변신하는 중이다. 그리하여 영혼은 휴식과 고요를 송두리째 상실한다. **능동적으로 찾아 나서는** 대신에 **기다리는** 부정적 노력으로서의 관조적 주의를 상실한다. 시몬 베유는 "**능동적이고자** 하는 것, **찾아 나서려** 하는 것"[27] 때문에 온갖 형태의 침착함 결여가 발생한다고 본다. 그녀는 다음과 같은 카프카의 말에 틀림없이 고개를 끄덕일 것이다. "찾아 나서는 자는 발견하지 못하며, 찾아 나서지 않는 자는 발견된다."[28] 찾아 나서는 자는 은총을 놓친다. 신이 인간을 찾아 나선다. 인간 쪽에서의 찾아 나서기는 탈진으로 이어질 따름이다. 시몬 베유는 최후의 심판을 기리는 중세의 어느 찬가에서 이런 대목을 인용한다. "Quaerens me sedisti lassus(당신은 저를 찾느라 기진하셨나이다)."[29] 기독교적인 미덕은 탐색이 아니다. 행동이 아니라 기다림과 바라봄이다. "복음서 어디에도 인간이 찾아 나서는 장면은 없다. 등 떠밀리거나 분명히 부름받지 않는 한 인간은 한 걸음도 내딛지 않는다. […] 미래의 신부新婦가 맡은 역할은 기다림이다."[30] 의지를 품은 노력을 전혀 하지 않는 자의 손에 소중한 것이 쥐어진다. 주의는 찾아 나서기와 어울리지 않는다. "가장 소중한 것들을 얻으려면 찾아 나서면 안 되고 기다려야 한다. 인간의 고유한 힘으로는 그것들을 발견할 수 없다. 그것들을 찾아 나서는 자는 가짜를 발견하며, 그 가짜가 가

짜임을 알아채지 못한다."³¹

영혼의 신성한 초자연적 부분은 수동적으로 순종하며 바라보고 경청한다. 경청으로서의 순종은 의지를 품은 행동과 대립한다. "영혼이 구원받을 때 하는 노력은 바라보고 경청할 때 하는 노력과 유사하다. […] 그것은 주의와 동의의 행동이다. 반면에 이른바 의지하기는 근육을 긴장시킬 때의 노력과 유사하다. 의지는 영혼의 자연적 부분과 같은 수준에 위치한다. […] 신에게 순종하는 자는 수동적으로 처신한다. […] 고통과 기쁨을 거치는 내내 오로지 기다림, 주의, 침묵만 있다."³²

의지는 "영혼 안에서 어떤 선한 것도" 일으키지 못한다.³³ 오로지 기다리는 주의만이 구원을 약속한다. "구원을 일으키는 태도는 어떤 활동과도 유사하지 않다. 그 태도를 가리키는 희랍어 hypomene(인내)의 라틴어 번역어 patientia는 원어의 의미를 온전히 전달하지 못한다. hypomene는 기다리기, 주의를 기울이며 충실하게 가만히 있으면서 한없이 참아내고 모든 충격을 흔들림 없이 견뎌내기다."³⁴ 능동적으로 찾아 나서기는 "해롭다". "길을 잃고 오류를 범하는"³⁵ 결과로 이어진다. 찾아 나서기는 은총과 대립한다. 오직 간절히 기다리는 자만이 은총을 받는다.

최고의 행위는 어떤 의지도 발휘함 없이 이루어진다. 무위와 유사하다. "그림 형제의 어느 동화에 등장하는 거인과 꼬마 재단사는 누가 더 강한지를 놓고 대결한다. 거인은 돌을 아주 높이 던진다. 돌은 한참이 지나서야 땅에 떨어진다. 꼬마 재단사는 새를 날려 보내고, 새는 땅에 떨어지지 않는다. 날개가 없는 것은 결국 다시 떨어지기 마련이다."[36] 의지나 근육의 힘만 발휘할 줄 아는 자는 중력에 종속된다. 탈진하여 바닥에 떨어진다. 오직 은총만이 우리에게 날개를 준다. 무위가 영혼에 날개를 달아준다. 의지를 발휘하는 것만으로는 천국을 향해 날아오를 수 없다. "수직 방향은 우리에게 허용되지 않는다. 그러나 우리가 오랫동안 하늘을 바라보면, 신이 내려와 우리를 들어 올린다."[37] 시몬 베유는 아이스퀼로스를 인용한다. "신성한 것은 애쓰지 않는다."[38] 무위가 의미하는 바는 다름 아니라 애쓰지 않음이다. **무위하는** 자는 신성한 것에 다가긴다.

오직 주의 깊게 읽어야만 중력을 거슬러 더 높은 존재

영역에 접근할 수 있다. 깊은 주의가 없으면 **신을 읽을 수 없다**. 즉, 신 경험을 위한 **관건은 읽기 방식**이다. "여러 층의 읽기 방식들. 감각 지각 너머의 필연을 읽기, 필연 너머의 질서를, 질서 너머의 신을 읽기."[39] 자극으로서의 정보는 딱히 읽을 필요가 없다. 정보는 자극으로서 우리에게 단박에 달려든다. 반면에 읽기는 주의를 전제한다.

어원만 살펴봐도 종교가 주의와 연결되어 있음을 알 수 있다. religio('종교'를 뜻하는 라틴어 ― 옮긴이) 개념은 relegere(다시 읽기)에서 유래했으며, relegere는 "꼼꼼함과 주의"를 연상시킨다. "꼼꼼함과 주의가 신들과의 관계를 지배해야 한다는 것이다."[40] 주의를 기울이지 않는 자는 신들과 관계 맺을 수 없다. 오늘날 주의는 산산조각으로 깨졌다. 우리는 **주의 깊게 읽지** 못한다. 독해력 결핍만으로도 우리는 신에게서 멀어진다. 깊은 주의가 없으면 읽기는 중력에 종속되고, 중력은 읽기를 눈멀게 하여 참된 질서를 보지 못하게 만든다. "읽기 방식들. 우리의 모든 읽기는―주의라는 특별한 속성이 없다면―중력에 종속된다."[41]

주의는 기도에서 최고의 순수함에 도달한다. "모든 불

순물을 철저히 제거한 주의는 기도다."[42] 주의야말로 기도의 본질이다. 기도의 질은 주의의 강도에 달려 있다. "기도가 충분히 간절하고 순수할 때, 오직 주의의 첨단만이 신과 접촉한다."[43] 오늘날 주의는 신과 접촉할 첨단(뾰족한 끝)이 없을 정도로 뭉뚝해졌다. 오늘날의 주의는 **수직성**이 없다. 자극 소비가 우리의 주의를 빨아들인다. 그리하여 우리의 주의는 천박해진다. 깊이와 첨단을 깡그리 상실한다. 우리는 종교적 주의의 능력을, 기도의 능력을 상실했다. "주의의 충만은 오직 종교적 주의에서만 도달된다."[44] 온갖 유형의 세속적 주의는 "종교적 주의의 격하된 형태다".[45]

결국 시몬 베유에게 관건은 인간의 모든 활동을 영적인 과정으로 이해하는 것이다. 그녀는 노동과 생산의 내재 너머로 상승하여 초월의 **비유**에 도달한다. 그리하여 기하학 문제마저도 영적인 차원을 획득한다. **주의는 영성靈性이다.** "기하학 문제의 해답은 그 자체로는 소중한 선善이 아니지만, 방금 언급한 법칙은 그런 해답에도 적용된다. 왜냐하면 기하학 문제의 해답은 소중한 선의 비유이기 때문이다. 특수한 진실의 작은 조각인 그 해답은, 살아 있으며 영원하고 단일한 진실의 순수한 비유다."[46]

주의는 사회적 차원도 지녔다. 따라서 주의의 몰락은 인간관계에 심각한 악영향을 미친다. 공감도 존중도 **타인을 향한 주의**에 기반을 둔다. 타인을 향한 주의가 없어지면, 사회는 거칠어진다. 타인을 향한 주의의 결핍은 또한 폭력의 증가를 유발한다.

끊임없이 타인을 흡수통일einverleiben하려 애쓰는 상상력에서 벗어남으로써 영혼이 비워질 때만 타인을 향한 온전한 주의가 가능하다. 그런 상상력과 비움은 상반된 두 힘이다. 빈자리는 타인을 있는 그대로, 나를 섞어 넣음 없이 다른 타인으로 맞이하는 게스트하우스다. "그이[이웃]를 바라볼 줄 아는 것으로 충분하다―또한 이것은 불가결하다. 이 바라보기는 무엇보다도 주의 깊게 바라보기다. 그렇게 바라볼 때 영혼은 그이를 있는 그대로, 그이의 온전한 진실대로 받아들이기 위하여 자신의 고유한 내용을 모조리 비운다. 주의를 기울일 능력이 있는 자만이 그렇게 바라볼 수 있다."[47]

바라봄은 시몬 베유에게 대단히 중요하다. "바라봄이 우리를 구원한다는 것은 오늘날 모두가 철저히 간과하는 기독교의 주요 진실이다."[48] 그녀는 모세의 "구리 뱀"[49]

을 언급한다. 그 구리 뱀을 바라보는 자는 구원을 받는다. "구리 뱀이 세워졌다. 이는 불구가 된 채로 굴욕의 심연에 빠진 자들이 그것을 바라보고 구원받게 하기 위해서였다."[50] 시몬 베유는 심지어 종교를 바라봄으로 환원한다. "종교란 다름 아니라 바라봄(un regard)이라는 점을 공개적으로, 공식적으로 인정해야 한다."[51] 바라봄은 주의의 표현 형태로 일반화된다. 그래서 시몬 베유는 **영혼의 바라봄**도 언급한다. "사랑은 영혼의 바라봄이다."[52] 사랑은 영혼의 주의로서의 바라봄에 기반을 둔다. "생각하기의 바라봄"이라는 표현도 아름답다.[53] **주의 깊은 생각하기만이 바라봄에 도달한다. 바라봄 없는 생각하기는 지능과 같다. 새로운 것을 창출하지 못하는 계산과 같다. 반면에 바라보는 생각하기는** 이제껏 존재하지 않던 것을 창출한다.

주의 깊은 바라봄, 구원하는 바라봄은 사르트르가 말하는 바라봄, 곧 나를 대상으로 격하하고 값을 매기고 재단하는, 그야말로 최종 판결을 내리는 바라봄과 대립한다. 사르트르적 바라봄은 권력의 경제에 의해 지배된다는 짐에서 **지연적** 바라봄이다. 그 바라봄은 상대에게 부끄러움을 일으킨다. 부끄러움이란 "내가 정말로 이 대상이라는 점, 타인이 바라보고 평가하는 대상이라는 점에

대한 **인정**이다".[54] 타인의 바라봄은 나를 지배하고 나 자신으로부터 소외시킨다. 그 바라봄은 나를 대상으로 만든다. 부끄러움이 드러내는 것은 나의 **존재론적 빚**, 내가 **내 존재의 기반이 아니라는** 점이다. 나는 **내 존재를 지배하지 못한다**. 부끄러움은 내가 세계 안으로 **던져졌거나 떨어졌다고**, 나를 발가벗기고 알몸으로 전시하는 타인의 바라봄에 **내맡겨져** 있다고 말한다. "부끄러움은 **원죄**의 느낌이다. 내가 이런저런 잘못을 범했기 때문이 아니라 단지 세계 안으로 '떨어졌기' 때문이다. […] 이런 연유로 성경에서 원죄의 상징은, 아담과 하와가 '그들이 발가벗었음을 알게 되었다'는 사실이다."[55] 타인의 바라봄이 비로소 나의 발가벗었음을 나 스스로 깨닫게 만든다. 부끄러움은 나를 대상으로 사물화하는 타인의 발가벗기는 바라봄을 전제한다.

주의 깊은 바라봄은 자연적 바라봄이 아니라 초자연적 바라봄이다. 이 바라봄은 권력의 경제를 초월한다. **사랑하는 바라봄, 우호적인 바라봄**이다. 타인에게 주의를 선사하는 사람은 자기를 절제한다. 주의 깊은 바라봄은 나를 나의 존재로부터 소외시키지 않는다. 도리어 내가 나 자신에게로 돌아가는 길을 발견하게 해준다. 나를 점령하는 대신에 나를 도와 **존재**에 이르게 한다. 타인의 주의 깊은 바라봄은 초자연적 바라봄으로서 **구원하는** 바라봄이다. 이 바라봄은 평가하지도 않고 최종 판결을 내리지도 않는다. 이 바라봄은 원죄가 아니라 은총을, 나를 **떨어뜨리는** 대신에 해방하고 **들어 올리는** 은총을 상기시킨다.

시몬 베유는 간결하게 명토 박는다. "정신은 주의다."[56] 정신은 창조적이다. 정신이 주의라면, 정신은 기존의 것에 주의를 기울이지 않는다. 오히려 정신은 주의의 힘으로 **아직 없던** 것을, **전혀 다른** 것을 만들어낸다. 반면에 지능은 이런 창조적 주의의 능력이 없다. "발견은 지능의 업무가 아니다. 지능은 잔해더미를 치워야 한다. 지능은 오직 노예의 노동에만 능숙하다."[57] 지능은 기껏해야 잔해더미를 치우듯이 문제를 제거할 수 있을 따름이다. 하지만 생각하기는 문제 풀이보다 더 많은 것을 의미한다. 인공지능 연구에서 흔히 거론되는 주의는 문제 풀이에서 벗어나지 못한다. 그 주의는 알고리즘을 통한 정보 처리에 국한되며, 정보는 **이미 주어져 있는** 것을 벗어나지 못한다. 인공지능은 정신이 없다. **창조적 주의력을** 갖추지 못했다. 정신이 없기 때문에 인공지능은 **노동** 혹은 **계산**만 할 수 있다. 인공지능은 **정신이 인공지능에 예속되지 않는 한에**

서만 유용하다. 만일 예속되면, 우리는 또다시 우리 자신이 만들어낸 것에 지배당하는 노예가 될 것이다.

인간의 창조적 능력은 모두 깊은 주의에서 기원한다. "인간의 창조적 능력은 최고의 주의에서 발원하는데, 이 최고의 주의는 앞으로도 영원히 종교적 주의일 것이다. 한 시대의 창조적 천재성의 총량은 최고의 주의의 총량에 더없이 엄밀하게 비례한다. 그러니까 바꿔 말하면, 그 시대의 진정한 종교의 총량에 비례한다."[58] 실제로 우리가 사는 현재는 주의의 결핍이라는 원인 하나만으로도 창조적 천재성이 빈곤하다. 창조적 천재성과 종교성은 깊은 관조적 주의에 공통의 뿌리를 둔다. 따라서 종교의 위기는 천재성의 결핍을 초래한다.

오직 주의만이 전혀 새로운 것을 만들어낼 수 있다. "발명도 마찬가지다. 새로운 아이디어는 파악할 수 없는 진실에 주의를 기울이는 동안에 떠오른다."[59] 모든 천재적 영감은 깊은 주의 덕분에 얻어진다. 모든 창조적 정신은 **주의의 천재**다. 시몬 베유는 주의를 **간절히 비는 요청**으로 본다. "모든 창조적 정신(시인, 작곡가, 수학자, 물리학자 등)에게 영감을 제공하는 미지의 원천은 간절히 비는 요청이 향하는 저 선善이다. 창조적 정신이라면 누구나 자신이 영감을 받는다는 것을 꾸준한 경험을 통해 안다."[60] 이 대목에서 시몬 베유는 완전히 플라톤주의자다. 저 파악할 수 없는 진실, 간절히 비는 요청이 향하는 저 선은 플라톤의 **아름다움의 이데아**를 연상시킨다. 플라톤의 사상에서 아름다움은 선함과 구별되지 않는다. 아름다움을 바라볼 때 영혼은 스스로 아름다움을 만들어내는 쪽으로 이끌린다. **아름다움을 낳기**는 만들어내는 주의에 기반을 둔다. 욕망으로서, 간절히 비는 요청으로서의 에로스는 영혼 안의 출산력을 깨운다. "작품"은 에로스가 낳는 "불멸의 자식"이다. 시詩뿐 아니라 아름다운 정치적 행위도 에로스의 작품이다. **아름다움의 정치**란 권력이 아니라 에로스를 길잡이로 삼는 정치다. 아름다움의 정치는 저 **선**을 향한다.

시몬 베유는 어느 설화를 예로 들어 만들어내는 주의를 설명한다. "에스키모의 어떤 설화는 빛의 기원을 이렇게 설명한다. '영원한 밤에 먹이를 구할 수 없었던 까마귀가 빛을 열망했다. 그러자 지상이 밝아졌다.' 열망이 진실할 때, 사람은 빛을 열망하고, 그러면 빛을 향한 열망이 빛을 만들어낸다. 사람이 애써 주의를 기울일 때, 열망은 진실하다."[61] **열망은 에로스다.** 오늘날 우리는 **에로스 없는 시대**에 산다. 욕구Bedürfnis가 열망Begehren을 밀어낸다. 열망과 달리 욕구는 깊은 주의를 요구하지 않는다. **그러나 정신은 열망이다.** 그러므로 욕구의 시대는 **정신 없는 시대**다.

시몬 베유에 따르면, 주의는 영혼을 더 높은 존재 영역으로 들어 올리는 "영혼 안의 지렛대"[62]다. 이어서 그녀는 "사회 안의 지렛대"는 무엇일지 묻는다. "초자연적인 것과 사회는 서로 어떤 관계일까? 어쩌면 사회 안의 지렛대는 종교라고 할 수 있다. […] 하지만 어떤 의미에서? 사회 안의 지렛대는 아름다움, 예식Zeremonie 등이다. 따라서 종교다."[63] 우리를 초월로 들어 올리는 종교가 없으면, 삶은 위축되어 생존으로 쪼그라든다. 삶은 신성함을 잃고 한낱 삶, 발가벗은 삶으로 주저앉는다. 생산, 소비, 소통의 내재가 삶에서 모든 **신성함**을 앗아간다. 흥미롭게도 시몬 베유는 특히 예식을, 삶에 아름다움, 마법, 신비를 선사하는 저 축제적, 종교적 관행을 강조한다. 예식은 **주의 훈련**이다. **예식은 삶을 들어 올리고 신령하게 승화한다**spiritualisieren. 마법과 신비가 없는 삶, **초자연적** 면모가 없는 삶은 삶이 아니다. 삶을 한낱 생존 이상으로 만드는 최고의 아름다움은 앞으로도 늘 과거의 **종교적** 아름다움일 것이다.

  오늘날 세상에 사상가와 시인이 이토록 드문 것은 바로 주의의 결핍 때문이다. 생각하기를 위해서는 깊은 주의가 필요하다. 하이데거는 에로스를 출발점으로 삼아 생각하기를 이해한다. **에로스는 요청으로서, 열망으로서** 깊은 주의다. 에로스 덕분에 생각하기는 아직 생각되지 않은 것, 아직 다녀보지 않은 곳을 집요하게 추적한다. "나는 그를 에로스라고 부른다. 파르메니데스의 말에 따르면 에로스는 신들 가운데 가장 오래된 신이야. 내가 생각하면서 본질적인 한 걸음을 내디뎌 다닌 적 없는 곳으로 과감히 나아갈 때면 언제나 그 신의 날갯짓이 나를 쓰다듬지."[64] 생각하기는 넘어가기, 다른 곳으로 넘어가기다. 생각하기는 넘어가면서 **문턱** 위에 굳건히 머무른다. **기다림으로서의 문턱 의식, 문턱 상태**가 생각하기의 핵심 특징이다. 주의가 없으면, **기다림과 참을성이 없으면**, 전혀 **다른 것을 향해 출발하기로서의** 생각하기는 불가능하다. 시몬 베유의 다음과 같은 말은 하이데거의 말이라고 해도 이상하지 않다. "기다리기는 생각하기의 행위하는 수동성이다."[65] 역설적인 긴장이 생각하기를 특징짓는다. 생각하기는 **행위하는 무위**요 **능동적 수동성**이다. 능동적으로 행위하기만 하는 자는 생각할 능력이 없다. 순수한 능동성은 다름 아니라 **계산하는 지능의 노동 모드**다.

오늘날 우리는 참을성이 없다. 생각할 시간이 없다. "인간의 능력들―지성, 의지, 인간적 사랑―이 한계에 봉착하고 인간이 넘을 수 없는 이 문턱 위에 굳건히 머무를 때, 무엇을 열망하는지 모르면서도 문턱에 등을 돌리지 않고 팽팽히 긴장한 채로 기다릴 때, 초월적인 것을 향한 넘어감이 이루어진다."[66] 시몬 베유는 **문턱 위에서 기다리며 굳건히 머무르기**를 겸손이라고 부른다. "겸손은 기다림이다."[67] 참된 주의는 겸손한 태도를 전제한다. 하이데거가 감사하기Danken를 출발점으로 삼아 생각하기Denken를 이해하는 것은 우연이 아니다. "먼저 감사하기를 배워라. 그러면 생각하기를 배울 수 있다."[68] 생각하기는 감사하기다. 천재는 누구나 겸손 덕분에, 참을성 있는 기다림 덕분에 영감을 얻는다. 생각하기는 겸손한 태도로 감사하며 받기다. 그래서 시몬 베유는 이렇게 말한다. "천재성은 생각하기 분야에서 겸손이 발휘하는 초자연적인 힘이다."[69]

소크라테스의 생각하기는 기도의 응축된 강렬함을 띤

다. 〈향연〉에 등장하는 소크라테스에 관한 유명한 일화는 그의 주의력이 얼마나 초자연적이고 심지어 신神적이었는지 보여준다. 이런 면모에서 소크라테스는 주의의 천재의 원조다. 그는 기도하는 태도로 생각한다. "그에게 무언가가 떠올랐고, 그는 그것을 숙고하며 아침부터 그 자리에 서 있었다. 생각이 잘 풀리지 않자, 그는 긴장을 늦추지 않고 계속 탐구하며 서 있었다. 어느새 정오가 되었고, 사람들이 상황을 알아채고는 소크라테스가 무언가를 숙고하면서 아침부터 저기 서 있다고 경탄하며 이야기했다. 마침내 저녁에 사람들이 식사를 마치자, 때는 여름이었으므로, 이오니아 사람 몇이 이불을 꺼내왔다. 일부는 서늘한 곳에서 자기 위해서였고, 일부는 그가 밤에도 내내 거기 서 있을지 지켜보기 위해서였다. 그는 아침이 되고 해가 뜰 때까지 그대로 서 있었다. 그런 다음에 해를 향해 기도하고 가던 길을 갔다."[70]

파울 첼란은 **타인을 향한 주의**를 출발점으로 삼아 시 쓰기를 이해한다. 시는 타인에게 다가가는 기도다. "'주의는'—여기에서 발터 벤야민의 카프카 에세이에 나오는 말브랑슈의 말을 인용하는 것을 양해해주기를—'영혼의 자연적인 기도다.' 시는—여전히—지각하는 자의 시가 된다. 나타나는 것들을 향해 있는 자의 시, 나타나는 것들에게 묻고 말 거는 자의 시가 된다. 시는 […] 대화가 된다. 이 대화의 공간 안에서 비로소 말 걸기의 상대가 성립한다. 말 걸고 호명하는 나를 중심으로 그 상대가 모인다. 하지만 말 걸어지고 호명을 통해 너가 된 자도 자신의 다름을 가지고 이 현재 안으로 들어온다. 시의 지금 여기에서 […], 이 즉각성과 가까움 안에서 시는 타자의 가장 고유한 면모인 타자의 시간이 함께 말하게 한다."[71] 시 쓰기는 **자기의 시간**을 차단함으로써 **타인의 시간**이, 너의 시간이 말하게 한다. 이것이 첼란이 제시하는 **주의의 시학**이다. 시는 대화다. 시의 기반에 놓여 있는 것은 **타인을 향한 주의**다. 에마뉘엘 레비나스에게도 주의는 "타인의 부름을 전제하는" "더 많은 의식意識"을[72] 의미한다. 타인은 주의를 요구한다. 레비나스의 사상은 **주의의 윤리**로서의 **타인의 윤리**다. 주의가 없으면 우리는 귀먹어 타인의 **부름**을 듣지 못한다. **타인에게 주의를 기울일 때** 비로소 "나는 나 자신을 초월한다".[73]

이웃 사랑도 창조적 주의를 전제한다. 창조적 주의는 보이지 않는 것을 보이게 만들고 비존재를 도와 존재에 이르게 한다. "이웃 사랑은 창조적 주의에 기반을 두므로 천재성과 유사하다. 창조적 주의란 존재하지 않는 상대에게 정말로 주의를 기울이는 것이다. 길가에 쓰러진 이 생기 없는 익명의 육체 안에 인간성은 존재하지 않는다. 그럼에도 걸음을 멈추고 바라보는 사마리아인은 이 부재하는 인간성에 주의를 기울인다. 그리고 이어지는 행위들은 그것이 진정한 주의라는 증거다."[74] 보이지 않는 것을 볼 수 있게 해준다는 점에서 믿음도 창조적 주의에 기반을 둔다. 이런 점에서 믿음은 사랑과 유사하다. "믿음이란 보이지 않는 것들의 실상이라고 사도 바오로는 말한다. 이런 주의의 순간에 믿음은 사랑과 마찬가지로 우리 곁에 있다. […] 사랑은 보이지 않는 것을 본다."[75]

타인을 향한 주의는 중력에 맞선다는 점에서, 곧 자기를 최대화하는 권력의 경제에 맞선다는 점에서 **초자연적이다**. 타인을 향한 주의는 자기 절제를 전제한다. **의도 없는 다정함**(gentillesse), **의도 없는 미소**도 초자연적이다. 자기 확장으로서의 권력은 타인을 향한 주의로서의 주의를 파괴한다. 타인에게 자신의 주의를 선사하는 사람은 **빈자리**를, **자기 포기**를 받아들인다. **타인을 위한 힘**은 초자연적이다. "초자연적 이웃 사랑은 인격을 갖춘 사람과 인격을 박탈당한 사람 사이에서 섬광처럼 일어나는 연민과 감사의 교환이라고 그리스도가 우리에게 가르쳤다. […] 단 한 사람이 걸음을 멈추고 그에게 주의를 기울인다. […] 이 주의는 창조적이다. 하지만 이 주의가 일어나는 순간에 이 주의는 포기다. 적어도 이 주의가 순수하다면 그러하다. **자신의 권력을 확대하지 않을 힘 쓰기에 팔을 걷어붙인다는** 점에서 그 사람은 자기 축소를 받아들인다."[76]

조 부스케(프랑스 시인—옮긴이)에게 보낸 편지에서 시몬 베유는 이렇게 쓴다. "주의는 너그러움(générosité)의 가장 드물고 순수한 형태입니다."[77] 주의는 선사된다. 주의는 선물, 순수한 증정품이다. 주의는 보답을 요구하지 않는다. 주의는 **비대칭적 면모**를 띤다. 반면에 대칭으로서의 경제는 우리에게서 너그러움을 앗아간다. 타인을 향한 주의는 **윤리 그 자체**다. 베유의 윤리는 주의의 윤리다. 정치에서도 그녀는 **주의의 정치**를 권력을 매체로 삼는 정치에 맞세운다. 그러면서 무릇 정당을 없앨 것을 촉구한다. 왜냐하면 정당의 유일한 목적은 "정당 자신의 성장"이기[78] 때문이다. 정당은 "영혼 안에서 진실과 정의를 느끼는 감각을 죽여 없애기 위해 결성된 조직"이다.[79] 권력은 진실과 정의를 향한 주의를 봉쇄한다. **주의의 정치**는 주의가 지닌 만들어내는 힘을 신뢰한다. "하지만 진실에 관하여 아무것도 모르면서 어떻게 진실을 열망할까? 이것이 온갖 불가사의 중에 최고의 불가사의다. 인간이 상상할 수 없는 완전성을 표현하는, 내적으로 요청을 담았으며 어떤 구상에도 맞춰지지 않은 단어들—신, 진실, 정의—은 영혼을 들어 올려 빛 속에 완전히 잠기게 하는 힘을 지녔다. 진실을 텅 빈 진실인 채로 요청할 때, 진실의 내용을 미리 짐작하려 하지 않을 때, 사람은 빛을 영접한다. 바로 이것이 주의의 메커니즘이다."[80]

시몬 베유는 주의를, 한 영역에서 다른 영역으로 옮겨질 수 있는 어떤 능력으로, 정신적 에너지로 일반화한다. **주의는 빛을 낳고, 빛은 볼 수 있게 해준다.** 주의는 읽기 능력을 향상시키고 정신의 날을 세운다. "여러 해에 걸친 주의의 노력이 외견상 결실을 맺지 못하더라도, 정확히 이 노력만큼의 빛이 영혼을 뒤덮을 것이다. 매번의 노력이 세상의 그 무엇도 우리에게서 앗아갈 수 없는 보화에 금 알갱이 하나를 추가한다. 아르스의 본당 신부(본명은 장마리 비안네Jean-Marie Vianney, 1786~1859—옮긴이)는 라틴어를 배우려고 오랫동안 고생하며 노력했으나 소용이 없었다. 하지만 그는 그 노력의 결실로 놀라운 분별의 능력을 얻었고, 그 능력으로 고해하러 온 이들의 말 너머, 심지어 침묵 너머에 웅크린 그들의 영혼을 바닥까지 알아챘다."[81]

주의가 모든 의지를, 모든 의도를 내려놓고 **나를 잃을 때**, 주의는 최고로 응축된 강렬함에 도달한다. 나는 **자기를 비워 아무도 아닌 자**Niemand로, 순수한 매체로 된다. 내가 아니라 **아무도 아닌 자**가 바라본다. "주의는 요청과 맞물려 있다. 의지가 아니라 요청에. […] 그런 일에서는 내가 '나'라고 부르는 모든 것이 수동적으로 처신해야 한다. 나에게 요구되는 것은 주의밖에 없다. '나'가 사라질 만큼 완전한 주의. 주의의 빛을 내가 '나'라고 부르는 모든 것에서 거둬 인간의 이해력을 초월하는 곳에 옮겨놓을 것."[82]

자본은 증식하기 위하여 모든 것을 자신의 순환 안으로 휩쓸어 들이려 한다. 본래는 자본에 맞선 힘일 수 있었던 영성마저도 자본의 제물이 된다. 호황을 누리는 마음 챙김 사업Achtsamkeitsindustrie은 영성을 효율 및 성과 향상 기술로, 자기 최적화 기술이나 스트레스 감소 기술로 타락시킨다. 결국 관건은 영적인 소비다. 마음 챙김은 **셀프케어**Self Care(자기돌봄)와 신자유주의적 자기 관리에 예속된다. 가장 중요한 것은 역시나 에고다. **타인을 향한 주의로서의 사회적 마음 챙김**은 사그라진다.

자본주의는 모든 것을 소비와 생산에 예속시킨다. 자본주의는 영성마저도 장악한다. 과거에 개신교가 구원을 경제화함으로써 자본에 종사했던 것처럼 다시금 종교와 자본주의가 밀접하게 결합한다. 오직 자본 획득 활동에서의 성공만이 구원을 보증한다. 지옥행에서 벗어났음을, 즉 선택받은 자들의 반열에 들었음을 보증한다. 마음 챙김은 신자유주의 체제의 영성이다. 마음 챙김은 영성을 전적으로 생산과 성과에 종사하게 만든다. 그리하여 노동 자체가 신령하게 승화할 가능성은 배제된다. **노동 자체의 신령화라는 미래 과제가 멀리 내팽개쳐진다.**

탈창조

나의 신이여, 내가
아무것도 아닌 것이 되게 하여주소서!

- 시몬 베유

아감벤은 에세이 〈바틀비 혹은 우연〉(완전한 제목은 〈바틀비 혹은 우연에 관하여Bartleby o della contingenza〉—옮긴이)에서 "탈창조Entschöpfung"(decreatione)에 관한 생각을 펼치는데, 그 생각은 베유의 탈창조Dekreation(décréation) 개념과 매우 유사하다. 아감벤은 시몬 베유를 어떤 식으로도 언급하지 않지만, 그녀에게서 그 개념을 받아들인 것으로 보인다. 실제로 베유는 아감벤에게 낯선 인물이 아니다. 아감벤은 그녀를 집중적으로 탐구했다. 그는 그녀의 사상에 대단히 매혹되었다고 고백한다. 대학생 시절에 그는 그녀에 관한 논문을 쓰기까지 했다. 그러나 아감벤은 아직까지 출판되지 않은 그 논문에 관하여 침묵하고 있다. 그렇게 그 자신이 시몬 베유에게 진 "이론적인 빚"[83]을 감추고 있는 것이다.

아감벤은 탈창조에 관한 생각을 에세이 〈바틀비 혹은 우연〉에서 펼친다. 그는 바틀비를 메시아적 인물로 격상한다. 그의 신학적 독해에 따르면, 바틀비는 창조 전체의 바탕에 깔린 "절대적 역량absolute Potenz"의 화신이다. "그것은 철학적인 별들의 무리이며, 필경사 바틀비는 그 무리의 일원이다. 필기를 그만둔 필기 기술자로서 그는 창조 전체의 원천인 무無의 극단적 모습인 동시에 순수하고 절대적인 역량을 보유한 그 무에 대한 더할 나위 없이 가차 없는 요구다. 그 필경사는 필기판이 되어버렸다. 그때부터 그는 단지 그 자신의 흰 종이일 따름이다."[84] "법률 문서 필경사"인 바틀비는 베껴 쓰기를 그만둠으로써 아직 **아무것도** 씌어 있지 **않은**(무가 씌어 있는) 흰 종이로 변신한다. 아감벤에 따르면, 이 무야말로 창조의 원천이다. "천상의 필경사"[85]로서 그는 "정신"을 위하여 "죽은 활자"를 포기한다. **자기를 탈창조함으로써**, 즉 창조의 원천인

무가 됨으로써, 창조를 완성한다. "지금 완성되는 창조는 재-창조Wieder-Schöpfung도 아니고 영원한 반복도 아니라 탈-창조Ent-Schöpfung다. 이 탈창조를 통해, 일어난 일과 일어나지 않은 일이 신의 정신 안에서 통일되어 있던 원래 상태로 돌아간다."[86]

아감벤의 독해와 정반대로, 바틀비는 그에게서 절대적 역량 곧 신적인 역량을 도출하는 신학적-메시아주의적 해석을 허용하지 않는다. 왜냐하면 그는 우울증의 일종인 신경쇠약의 전형적 증상들을 나타내기 때문이다. 허먼 멜빌이 바틀비를 통해 말하려는 것은 절대적 역량에 관한 신학이 아니라 당대의 병리病理다. '**나는 하지 않는 쪽을 선택하겠다**I would prefer not to'라는 문구가 표현하는 것은 절대적인 할-수-없음Nicht-Können, 바틀비를 파멸로 몰아가는 총체적 동기 부재다. 그는 먹는 능력조차 상실한다. 멜빌은 그를 "대서양 한가운데 떠 있는 난파선"으로 묘사한다. 난파선으로서의 그는 절대적 역량의 화신이 아니다. 우울증에 걸린 사람은 자신이 **산 채로 매장되거나 장벽에 둘러싸여** 세상으로부터 완전히 격리되었다고 느낀다. 실제로 바틀비를 주인공으로 한 멜빌의 단편소설은 장벽을 자주 언급한다. 바틀비의 사무실이 있는 곳이

공교롭게도 월스트리트Wall Street다. 그곳은 "죽은 장벽"으로 둘러싸여 있다. 장벽은 죽음과 관련지어진다. 결국 바틀비는 두꺼운 장벽으로 둘러싸인 감옥에 갇히는데, 그 감옥은 무덤과 유사하다. 그의 "흐린 눈"은 절대적 역량을 암시하는 것이 아니라, 그가 세계와의 관계를 상실했음을 암시한다. 요컨대 바틀비는 탈창조Entschöpfung가 아니라 **탈진**Erschöpfung을 상징한다.

아감벤이 탈창조에 관한 생각을 펼치기 위해 언급했어야 하는 인물은 바틀비가 아니라 시몬 베유다. 아감벤의 탈창조 개념은 베유에게서 끌어온 빚이다. 시몬 베유는 탈창조를 아감벤이 말하는 탈창조와 똑같은 의미로 정의한다. "'탈창조': 창조된 것을 이끌어 창조되지 않은 것이 되게 하기."[87] 탈창조는 우리를 창조된 것에서 벗어나 신적인 창조 행위에 다가가게 한다. 반대로 창조된 것에 매달리는 사람은 신적인 창조에서 멀어진다. 우리가 신을 사랑하여 피조물로서의 우리 자신을 탈창조하면, 즉 나를 포기하고 무가 되면, 우리는 신의 절대적 역량에 참여하게 된다. 우리는 공동창조자Mit-Schöpfer가 된다. 권력이 아니라 사랑이 우리에게 정립Setzung의 능력을, 창조의 능력을 준다. "오직 초자연적 사랑만이 정립의 능력을 지녔다. 우리는 공동창조자다. 우리 자신을 탈창조함으로써 우리는 세계 창조에 참여한다."[88]

우리가 신을 사랑하여 자기를 포기할 때, 창조가 완성된다. "창조의 초월적 완성"으로서의 탈창조는 "신 안으로 소멸하기"다. 탈창조는 "소멸한 피조물"에게 "존재의 충만함"을[89] 준다. 사랑에 기초하여 기꺼이 무가 되는 것을 받아들이기는 파멸하기가 아니라 더 높은 실재로 상승하기다.[90] 시몬 베유는 탈창조 개념을 통해 모든 신비주의가 채택하는 다음과 같은 원리를 제시한다. 자기에게 죽음을 주는 자는 더 높은 존재로 깨어난다. 그런 자는 성장하여 자기를 벗어나 참된 생명에 이른다. "씨앗이 죽지 않는다면… 씨앗은 자기 안에 품은 힘을 발휘하기 위해 죽어야 한다. 그러면 다른 결합물이 생겨난다. 마찬가지로 우리도 **구속된** 에너지를 방출하기 위해 죽어야 한다."[91] 아픔이 우리에게 가르쳐주는 것도 피조물로서의 우리는 결국 **무**라는 점이다. 이것이 아픔의 올바른 사용법이다. "신이 나에게 신의 뜻대로 또 나를 위하여 아픔을 준다고 내가 생각한다면, 나는 나 자신이 대단한 존재라고 믿을 터이며, 내가 아무것도 아님을 가르쳐주는 것이 아픔의 주요 쓰임새인데도 아픔을 그렇게 사용하지 않을 터이다. […] 아픔을 통해 신을 사랑해야 한다. 나 자신이 아무것도 아니라는 점을 사랑해야 한다. 만약에 내가 대단한 존재라면 얼마나 끔찍할 터인가! 나의 무를 사랑하기, 무임을 사랑하기. 영혼 중에서 장막 너머에 위치한 부분으로서 사랑하기. 의식이 지각할 수 있는 영혼의 부분은 무를 사랑할 수 없다. 그 부분은 무를 두려워한다."[92]

탈창조 덕분에 우리는 신과 피조물 사이의 매개자가 된다. 우리 자신이 **무**라는 점을 인정하면, 신과 피조물을 갈라놓는 장벽이 제거된다. 탈창조는 신을 향한 피조물의 사랑, 창조를 완성하는 사랑이다. "우리는 피조물 중에 우리에게 맡겨진 부분과 신 사이의 매개자가 될 잠재력을 지녔다. 신이 우리를 통해 자신의 피조물을 지각하기 위해서는 우리의 동의가 필요하다. 우리의 동의에 힘입어 신은 이 기적을 일으킨다. 내가 나 자신의 영혼에서 벗어나 물러나는 데 성공하기만 하면, 여기 내 앞에 놓인 탁자를 신이 볼 터이며, 그렇게 이 탁자는 비할 데 없는 행운을 겪을 터이다. 신이 우리에게서 사랑할 수 있는 것은, 신을 통과시키기 위해 우리 자신이 물러나는 것에 대한 이 같은 동의뿐이다."[93]

오늘날 진정성 강제 아래에서 우리는 **무언가** 혹은 **누군가**가 되려고 필사적으로 애쓴다. 진정성은, 우리가 **아무것도 아닐 것**을, **아무도 아닌 자**일 것을, 자기 포기를 실행할 것을 요구하는 탈창조와 대립한다. 또한 신자유주의적 생산 논리를 따르는 창의성 명령도 우리를 눈멀게 하여 참된 창조를 보지 못하게 만든다. 신의 창조의 찬란함 앞에서, 우주의 아름다움이라는 성체聖體 앞에서 신자유주의적 창의성 열광은 애처롭다. 인간의 제작물 중에서 창조물이라고 불러도 될 만한 것은 어떤 것이든지 자기 포기를 전제한다. 주의의 천재에게는 자기가 없다. 창조는 은총으로서 수용된다. "예술과 학문에서 최고 수준이 아닌 제작은 찬란하건 평범하건 간에 모두 자기 확장인 반면, 예술과 학문에서도 최고 수준의 제작 곧 창조는 자기 포기다."[94]

종교가 처한 위기의 구조적 원인으로 주의의 쇠퇴와 더불어 대폭 강화된 자아를 꼽을 수 있다. 오늘날 우리의 주의는 오로지 자아 주위를 맴돈다. 우리는 충성스럽게 자아를 숭배하고 예배한다. 누구나 **자기를 섬기는 사제**다. 신자유주의 체제에서 **자기를 섬기는 사제**란 **자기를 부리는 사업가**를 뜻한다. **누구나 자기를 생산하고 자기를 공연한다.**

요란스러운 자아는 신을 우리에게서 멀리 떼어놓는다. "사람들이 어떤 사람 안의 신을 경배하면, 그 사람은 수동성을 띤 사물이 되어야 한다. 고난을 겪어야 한다. 더구나 말없이 겪어야 한다."[95] 사물의 수동성은 오늘날의 성과 주체Leistungssubjekt가 띤 항시적 능동성과 정면으로 대립한다. 고난을 겪을 능력이 없는 능동주체는 신에게 다가갈 수 없다. 참된 창조에 다가갈 수 없다.

베유의 사상은 급진적이다. 그녀의 생각은 아주 첨예할 때가 많다. 그런 극적인 첨예함은 예언자의 몸짓과 짝을 이룬다. "두 가지 극단적 경향. 우주를 위해 나를 파괴하기, 또는 나를 위해 우주를 파괴하기. 아무것도 아니게 되지 못한 사람은, 그 자신이 아닌 모든 사물이 존재하기를 그치는 순간을 맞이할 위험에 처한다."[96] 이 예언적 발언은 계속되는 지구 파괴와 관련하여 많은 것을 생각하게 만든다. 우리는 지구를 우리의 욕구와 목표에 완전히 종속시켜 착취하고 있다.

자아일 능력, 나라고 말할 능력은 장점이기만 한 것이 아니라 커다란 장애물이기도 하다. 왜냐하면 자아는 세계를 보는 시각을 대폭 좁히기 때문이다. 신을 향한 사랑으로 나의 자아를 포기함으로써, **아무도 아닌 자, 아무것도 아닌 자**가 됨으로써, 나는 신의 맑은 눈이 되고, 신은 그 눈을 통해, 나를 통해 자신의 피조물을 왜곡되지 않은 온전한 모습으로 본다. 중요한 것은 내가 나의 영혼에서 벗어나 물러나는 것, 영혼을 **비우는** 것, 그리하여 신이 사물들을 바라보는 행운을 사물들이 겪는 것이다. "내가 보고 듣고 호흡하고 만지고 먹는 모든 것, 내가 마주하는 모든 것―나는 이 모든 것이 신과 접촉하지 못하도록 방해한다. 또한 내 안의 무언가가 '나'라고 말하는 한, 신이 이 모든 것과 접촉하지 못하게 방해한다. 이 모든 것과 신을 위하여 내가 할 수 있는 일이 있다. 함께 있음을 방해하지 않기 위해 물러나는 것이다."[97] 내가 물러나면 "내가 발 디딘 땅과 신의, 내가 파도소리를 듣는 바다와 신의 완전한 사랑의 결합"이[98] 이루어진다.

나를 섞어 넣지 않는 **순수한 바라봄**에 도달해야 한다. 이를 위해 반드시 필요한 것은 **주의의 극단적 상승**, 주의가 나를 삼켜버리는 수준에 이르기까지의 상승이다. "내가 풍경 안에 있지 않을 때의 모습으로 풍경을 보기. 내가 어느 위치엔가 있으면, 나는 나의 호흡과 심장 박동을 통해 하늘과 땅의 고요를 더럽힌다."[99] 더럽힌다 함은 내가 보는 것에 권력을 행사한다는 뜻이다. "아름다운 것이란 변화시키고자 할 수 없는 것이다. 무언가를 지배할 권력을 가진다는 것은 그 무언가를 더럽힌다는 것이다. 소유하기는 더럽히기다."[100] 우리는 우리의 목적과 욕구를 위해 사물을 지배한다. 그럼으로써 우리는 사물을 더럽히고 사물의 아름다움을 약탈한다.

자기 것으로 만들려는 의지가 아름다움을 파괴한다. 흡수통일을 완전히 포기한 지각만이, 깊은 관조적 주의만이 사물을 구원한다. 그런 주의만이 소유와 결부된 모든 쓰레기를 사물에서 떼어냄으로써 사물의 아름다움을 발견한다. 저급한 주의는 쓰레기만을 향한다. 우리의 지각에 달려드는 것은 쓰레기다. "우리의 생산물들은 당연히—저급한—의미를 지녔다. 그 의미는 덜 정교할수록, 생산물이 쓰레기에 가까울수록, 더 쉽게 지각된다. 그림들, 회화 쓰레기; 로고스, 글 쓰레기; 광고, 시각 쓰레기; 광고 방송, 음악 찌꺼기. 단순하고 저급한 이 기호들은 저절로 지각에 달려들어, 더 난해하고 수수하고 고요한 풍경을 망쳐놓는다. 그런 풍경은 보는 사람이 없어서 소멸하는 경우가 많다. 사물을 구원하는 것은 지각이기 때문이다."[101]

내가 완전히 떨어져 나가면, 내가 **상상한** 실재가 아닌 참된 실재가 드러난다. 우리는 우리의 상상에 기초하여 세계의 실재성을 만들어낸다. 그 실재성은 나의 실재성이다. 우리는 그 실재성을 사물들 안에 집어넣는다. 참된 실재, 참된 질서는 오로지 나를 완전히 꺼버릴 때만 경험된다. 구속은 어떤 구속이든지 실재를 왜곡한다. 내가 물러남으로써, 나를 철회함으로써, 나를 취소함으로써, 나는 사물들에게 왜곡되지 않은 실재성을, 아름다움을 되돌려준다. 탈창조가 창조를 해방한다. "내가 사라진다면, 내가 보는 이 사물들은 — 내가 보는 사물들이기를 그칠 터이므로 — 완벽하게 아름다워질 텐데!"[102]

기획Entwurf(하이데거 번역에서 흔히 쓰이는 용어는 '기투' — 옮긴이)으로서의 미래, 나의 욕구와 바람에 기초한 미래는 상상력 덕분에 생겨난다. "미래는 우리의 상상력이 만들어낸 작품이다."[103] 미래는 나의 원초적 욕망을, **자기를 의지하기**Sich-Wollen를 전제한다. 왜냐하면 나는 **나 자신을 위하여**, 나의 존재 가능성들을 향하여 미래를 기획하기 때문이다. 그리하여 그 원초적 욕망은 내가 사물들을 있는 그대로 보지 못하게 막는다. "모든 욕망은 미래를 향한다. 반면에 사람이 단지 무언가가 존재하기만 욕망한다면,

그 무언가는 존재한다. 그 이상으로 또 무엇을 바라겠는가? 그럴 때 그 사랑받는 무언가는 본모습 그대로 실재한다. 상상된 미래로 감싸여 감춰져 있지 않다."[104] 기획은 일종의 **외투**Überwurf,[105] 사물들의 참된 질서를 감싸 가리는 외투다. 탈창조는 우리가 상상 없이 사물들을 있는 그대로 마주하게 한다. 탈창조는 사물들의 참된 질서를 들춰낸다.

미래와 달리 과거는 의지를 벗어나 있다. 과거의 것에는 처분 불가능성이 내재한다. 의지는 과거의 것을 되찾을 수 없다. 시몬 베유는 과거의 것에서 더 높은 실재성을 보는데, 이는 다름 아니라 과거의 것에 깃든 처분 불가능성 때문이다. "과거: 실재하지만 우리의 손아귀에서 완전히 벗어나 있는 그것. 우리는 그쪽으로 한 걸음도 내디딜 수 없다. 우리는 그것을 향함으로써 그것이 내뿜는 복사輻射, Ausstrahlung를 받아들일 수만 있다. 그러므로 과거는 초자연적 실재, 영원한 실재의 탁월한 모상模像이다. 회상이 그 자체로 즐겁고 아름다운 것은 이런 이유 때문일까?"[106] 베유는 프루스트를 언급한다. 프루스트에 따르면, 비자발적 기억(mémoire involontaire)은 행복의 원천이다. 비자발적 기억은 우리를 덧없는 시간 위로 들어 올린다. 의지를 벗어난 **비자발적 면모**가 무릇 아름다움을 성립시킨다. "가능성의 영역은 상상의 소재지다. [...] 상상이 과거를 흡족히 여기지 않을 때, 즉 과거가 순수한 과거로 격상할 기회를 맞을 때, 과거는 영원의 광채를 발하는 시간 성분이다. 그럴 때 실재성의 느낌은 순수하다. 이것은 순수한 기쁨이다. 아름다움이다. 프루스트."[107]

베유의 견해와 달리, 기쁨의 참된 원천은 한순간 번득이는 과거가 아니라 **순간 자체**다. 우리가 어떤 곁눈질도 없이 온전히 순간에 거주할 때, 우리는 순수한 기쁨으로 가득 찬다. 우리가 기쁨을 얻는 것은 미래 때문도 아니고 과거 때문도 아니다. 미래는 **염려**Sorge다. 순간은 기쁨이다. 우리가 순간에 완전히 녹아들 때, 내다보지도 않고 돌아보지도 않을 때, 우리는 영원을, 순수한 기쁨을 경험한다.

시몬 베유에게 관건은 결국 시간을 초월하디다. 나는 시간에 속박되어 있으므로, 시간을 극복하기는 결국 나를 꺼버리기를, 즉 탈창조를 전제한다. "미래에 관해서 자신감을 가질 수 없음을 알면, 겸손은 불가피하다. 시간에 예속되어 있으며 가변적인 나를 포기함으로써만 굳건함에 도달할 수 있다."[108] 나 없이 관조적으로 바라볼 때,

순간과 영원이 결합한다. "별들과 꽃 핀 과일나무들. 완벽하게 존속하는 것과 극도로 연약한 것은 둘 다 영원을 느끼게 한다."[109] 순간과 영원의 통일은 아름답다. "맞선 둘의 통일, 순간적인 것과 영원한 것의 통일은 아름다움의 중요한 요소다."[110]

만약에 하이쿠를 알았다면 시몬 베유는 하이쿠를 순간과 영원의 통일로 이해하고자 했을 것이다.

오래된 연못.
개구리 뛰어드는
물소리.

자두꽃 향기
문득 솟아오른 해
좁은 산길.

아무도 없네.
거울 너머 같은 봄날
자두꽃.

- 바쇼

어떤 하이쿠든지 **순간적인 이러저러함**을 표현한다. 그 이러저러함에 나는 들어 있지 않다. 순간을 넘어선 것은 어떤 것이든지 상상일 터이다. 하이쿠에 내가 등장하지 않는 것은 합당하다. 나는 사물들의 이러저러함을 교란할 뿐일 터이다. 시몬 베유는 선불교에서 말하는 해탈을 자주 언급하는데, 그 해탈도 탈창조를 기반으로 삼는다.

미래는 염려로 표출된다. 그렇기 때문에, 염려를 인간 실존의 본질적 특징으로 격상하는 하이데거는 미래를 중시한다. 그의 《존재와 시간》에는 기쁨이 들어설 자리가 없다. 왜냐하면 **시간은 염려이기** 때문이다. **폐기물을 처리하듯이 시간을 처리한다면**(탈염려한다면ent-sorgen), 그것이야말로 순수한 기쁨일 터이다. 순수한 기쁨이란 다름 아니라 염려 없음이다. 우리가 욕망 없이 순간에 몰입하고 우리 자신을 순순히 순간에 맞출 때, 기쁨이 일어난다. 키르케고르는 이렇게 쓴다. "너의 모든 염려를 신께 바쳐라. 백합과 새가 바치듯이 완전히, 무조건. 그러면 백합과 새처럼 무조건 기쁨을 느낄 것이다. 바로 그것이 무조건적인 기쁨이다."[111]

나는 나 자신을 탈창조함으로써 없앤다. 이는 참된 창

조에 참여하기 위해서다. 신 앞에서의 순종은 주인 앞에서 노예의 순종과 근본적으로 다르다. 노예가 비굴할수록, 명령하는 주인과 노예 사이의 거리, 곧 존재 및 권력의 격차는 더 커진다. 반면에 신은 노예를 상대하는 주인처럼 굴지 않는다. 명령하지 않는다. 신은 사랑이다. 신을 따르는 자, 신을 사랑하여 자기를 포기하는 자는 스스로 신성하게 된다. 신성한 영광을 향해 상승한다. "겸손한 기다림이 우리를 신과 유사하게 만든다."[112] 여기에서 이야기되는 것은 절대적 순종이다. 우리는 신을 사랑하기 때문에 우리 자신을 비운다. 그리하여 생겨나는 빈자리는 신성한 빛으로 채워진다. 신을 위해 자기를 포기하고 없애는 자는 깨끗한 유리창처럼 투명해지고, 신의 빛이 유유히 흘러 그 유리창을 통과한다.

빈자리

가만히 있기, 자제하기는 자기 안에 빈자리를 마련하기다.

— 시몬 베유

바람은 불고 싶은 데로 분다. 너는 그 소리를 들어도 어디에서 와 어디로 가는지 모른다. 영에서 태어난 이도 다 이와 같다.

— 사도 요한

한 조각글에서 시몬 베유는 **빈자리의 신神역학** Theodynamik 을 펼친다. "'신들에 관해서 우리가 전승에 따라 믿고 인간에 관해서 경험으로 아는 바는, 자연적 필연에 따라 어떤 존재든지 가용한 모든 힘을 발휘한다는 것이다'(투키디데스). 영혼은 기체처럼 허용된 공간 전체를 차지하려 한다. 기체가 움츠러들고 빈 공간을 남겨둔다면, 그것은 엔트로피의 법칙에 대한 위반일 터이다. 하지만 기독교인들의 신은 다르게 행동한다. 야훼는 **자연적인** 신인 반면, 기독교인들의 신은 **초자연적인** 신이다. 가용한 모든 힘을 발휘하지 않음은 빈자리를 견뎌냄을 뜻한다. 이는 모든 자연법칙에 어긋난다. 오직 은총만이 이를 행할 수 있다. 은총은 채움이지만, 오직 은총을 받아들일 빈자리가 있는 곳으로만 흘러든다. 또한 바로 은총이 이 빈자리를 만든다."[113] 인간 영혼은 **권력의 열역학**Thermodynamik을 따른다. 권력이란 무엇인가? 권력을 쥔 사람은 공간적으로 커지는 느낌을 받는다. 자기가 확대된다고, 또는 팽창한다고 느낀다. 권력의 증가는 자아의 확장으로 표출된다. 권력자는 타인을 굴복시킴으로써 자신의 자아를 최대한 확장하려 한다. 타인이 굴복하면, 권력자의 공간은 타인에 의해 제한되지 않는다. 권력은 권력자를 **타인의 자리에서 자기 곁에 머무르게**im Anderen bei sich bleiben(헤겔이 변증법적 운동을 설명할 때 자주 쓰는 문구—옮긴이) 해준다. 권력은 자아의 공간을 타인의 공간**만큼** 확장한다. 권력자의 공간은 타인의 자리까지 **연속된다**. 전능한 권력자라면 어디에서나 자기 곁에 머무를 터이다. 즉, 거기에서는 그가 **자기 곁**에 머무르지 못할 그런 공간을 모조리 제거할 터이다. 그렇게 그는 공간 전체를 차지할 터이다. 공간 전체를 그 **자신의 자아**로 채울 터이다. 자발적인 권력 포기는 자아의 자발적인 물러남과 같다. 그런데 자발적으로 물러나는 자아는, 빈 공간을 남겨두기 위해 움츠러드는 기체와 마찬가지로, 권력의 열역학에 어긋난다. 따라서 자기 포기로서의 자발적 권력 포기는 자연에 반하거나 자연을 초월한 행동이다. 권력자는 빈자리를 허용하지 않는다. 왜냐하면 그는 최대한 팽창하려 하기 때문이다. 그가 물러나면, 즉 **자신의** 권력을 포기하면, 빈자리가 만들어진다. 바꿔 말해, 자발적 권력 포기가 그를 빈자리의 수준으로 데려간다. 시몬 베유는 권력의 열역학에 빈자리의 신역학을 맞세운다. 빈자리의 신역학은 영혼의 **자연적** 성향을 뒤집어 영혼을 **전향시킨다**. 오직 이 같은 **영혼의 전향**만이 **은총의 수용**을 가능하게 한다. 빈자리는 은총이 흘러드는 통로다. 영혼이 은총을 수용할 수 있는 것은 빈자리 덕분이다.

기독교인들의 신은 **초자연적인** 신이다. 권력의 신이나 복수復讎의 신이 아니라 사랑의 신이다. 빈자리의 신역학은 모든 형태의 권력 및 폭력과, 혹은 대칭에 기반을 둔 복수와 결별한다. 자비는 **초자연적** 관계, 비대칭적 관계에서 나온다. 다음과 같은 성경 구절은 그런 초자연적 비대칭 관계를 시사한다. "그때에 베드로가 예수님께 다가와, '주님, 제 형제가 저에게 죄를 지으면 몇 번이나 용서해 주어야 합니까? 일곱 번까지 해야 합니까?' 하고 물었다. 예수님께서 그에게 대답하셨다. '내가 너에게 말한다. 일곱 번이 아니라 일흔일곱 번까지라도 용서해야 한다.'"[114]

빈자리의 윤리는 작용과 반작용의 대칭, 행위와 보답의 대칭을 깨뜨린다. 또한 어떤 답례도 염두에 두지 않는 순수한 베풂을 가능케 한다. 빈자리의 윤리를 실천하는 자는 **맹목적으로** 베푼다. **빈자리의 윤리**는 **맹목성**에 기반을 둔다. 그 윤리는 대칭을 책무로 삼는 **경제**를 깨뜨린다. "빵을 가진 사람이 굶주린 자에게 빵 한 조각을 떼어주는 것은 경탄할 만한 일이 아니다. 하지만 그 사람이 매매할 때와는 다른 태도로 그렇게 할 수 있다면, 그것은 경탄할 만한 일이다. 베풂이 초자연적이지 않으면 매매 행위와 마찬가지다. 베풂으로 불운한 자를 사들이는 셈이기 때문이다."[115] 빈자리는 **경제를 초월한** 관계, **비대칭적이며 초자연적인** 관계를 만들어낸다. "보답의 필수성, 준 것의 대가를 받으려는 욕구. 그러나 이 강요, 이 욕구를 극복하고 빈자리를 허용하면, 바람風 같은 것이 일어나고, 초자연적 보답이 우리에게 주어진다. 우리가 다른 보상을 이미 받았다면, 초자연적 보답은 주어지지 않는다. 우리 안의 빈자리가 초자연적 보답을 불러들인다. 채무 탕감도 […] 마찬가지다. 이 경우에도 사람은 자기 안의 빈자리를 감수한다. 자기 안의 빈자리를 감수하기는 초자연적이다. 보답 없는 행위를 위한 에너지는 어디에서 나올까? 그 에너지는 다른 어딘가에서 나와야 한다. 그러나 가장 먼저 필요한 것은 떼어내기, 필사적으로 자기를 뜯어내기다. 그리하여 우선 빈자리가 만들어져야 한다."[116] 빈자리는 **자기를** 의지하는 걸 떨쳐내기를 전제한다. 빈자리는 우리를 더 높은 존재 영역으로 들어 올리는 "바람"으로 표출된다. 자비뿐 아니라 호의도, 낯선 이를 향해 별다른 의도 없이 짓는 미소처럼 대수롭지 않은 호의도 비대칭적이고 초자연적이다. 비대칭적 관계는 경제 너머에 사회적 숨구멍을 튼다. 이 **숨구멍 곧 빈자리**가 없으면 사회는 경제적 교환 관계에 매몰되어 질식한다.

빈자리의 윤리가 띤 결정적인 특징은 **무조건적 보편주의**다. 시몬 베유는 "조국祖國"을 자주 언급하지만, 그 조국은 국경이 없다. 그것은 **국경 없는 "보편적 조국"**[117]이다. 이 보편적 조국은 모든 국가를 초월한 세계 공동체다. "특히 인간 공동체들이 각각의 완전한 정도에 따라 구성원들의 삶을 시詩로 둘러싼다. 각각의 공동체가 세계 조국의 모상이요 거울상이다. 그런데 그 공동체들이 국가의 모습을 띨수록, 제각각 자신이 조국이라는 주장을 더 많이 할수록, 그 공동체들은 참된 조국을 왜곡과 결함이 더 많게 모사한 그림들에 지나지 않게 된다."[118] 참된 보편적 조국의 결정적인 특징은 **시**다. 반면에 **권력 혹은 경제의 산문**은 참된 보편적 조국을 국가로 한정한다.

시몬 베유는 자신의 절대적 보편주의를 애국심과 맞세운다. "여기에서 제가 말하는 애국심은 지상의 조국에 대해서 품는 느낌입니다. 저는 그 느낌이 두렵습니다. 왜냐하면 저 역시 그런 애국심에 감염될까 두렵기 때문입니다."[119] 애국심의 대상으로서의 국가는 권력의 한 모습인 반면, 참된 조국의 바탕에는 사랑이 깔려 있다. 시몬 베유라면 나치를 악의 화신으로 규정할 법하다. 그녀는 사회적인 것마저도 권력 구조로 간주하여 거부한다. "이로부터 다음과 같은 결론이 나오는데, 사회적인 것은 확실히 악마의 지배 영역입니다. 육체는 우리를 내몰아 **나**라고 말하게 하고, 악마는 우리를 내몰아 **우리**라고 말하게 하거나, 혹은 독재자들처럼, **나**라고 말하면서 집단적 의미의 나를 떠올리게 합니다. 그리고 악마 자신의 고유한 사명에 걸맞게, 신성한 것의 나쁜 모조품을, 대용품을 발명합니다. 여기에서 제가 말하는 사회적인 것은 조국과 관련된 모든 것이 아니라 집단적 감정들입니다."[120] 나치를 목격한 시몬 베유는 집단적인 것이 얼마나 엄청난 폭력을 발휘할 수 있는지 너무나 잘 알았다. 총체화된 집단적인 것은 타인을 배제하면서 자기를 주장한다. 반면에 참된 조국은 사랑과 우정의 공동체다.

시몬 베유는 "서로 사랑하라"라는 성경 구절을 우정에 관한 것으로 해석한다. "인간들 사이의 개인적 사랑의 한 형태는 순수하다. 그 형태는 신성한 사랑의 조짐과 여운을 띤다. 그것은 우정이다."[121] 타인에 대한 흡수통일을 아예 포기한다는 점에서 우정은 초자연적이다. 우정은 먹지 않고 바라본다. "우정이라는 기적을 통해 인간은 먹을거리처럼 꼭 필요한 타인에게 다가가지 않고 기꺼이 멀리서 타인을 **바라본다**."[122] 우정은 욕구뿐 아니라 필연도 벗어난다. 우정의 기반은 **타인에 대한 존중**이며, 이 존중은 **거리두기를 명령한다**. **멂의 가까움**Nähe der Ferne이 우정에 생기를 불어넣는다. "한 사람이 필연성을 어느 정도 띤 애착을 통해 타인과 결합했다면, 그 결합에도 불구하고 그가 자신과 타인의 자율성을 보존하기를 바라는 것은 불가능하다. 이것은 자연의 메커니즘 때문에 불가능하다. 하지만 초자연적인 것이 기적적으로 사이에 끼어들면 가능해진다. 이 기적은 우정이다."[123]

개인들이 사회적 집단으로, 집단적 군중으로 융합하면, 우정은 불가능하다. 왜냐하면 우정은 나와 타인 사이의 거리를 전제하기 때문이다. 따라서 보편주의는 집단주의와 다르다. 우정에 관한 베유의 생각은 **우정의 정치학**으로 이어지고, 우정의 정치학이 도달하는 결론은 무조건적 보편주의다. "우정은 모두를 포괄하는 면모를 지녔다. 한 사람을 사랑하되, 인류의 모든 구성원 각각을 사랑할 수 있기를 바라는 만큼 사랑하는 것이 우정이다."[124]

베유의 급진적 보편주의는 칸트의 보편주의와 마찬가지로 "이성의 통찰"에 기반을 둔다. 신앙이 아니라 이성이 무조건적 보편주의를 명령한다. 이성은 최고의 일반성을 추구한다. 이성의 빛은 완벽하게 불편부당하다. "신의 자녀들은 여기 지상에서 우주 자체 외에 다른 조국을 갖지 않아야 마땅합니다. 과거에 우주에 속했던, 지금 우주에 속한, 미래에 우주에 속할 모든 이성적 피조물들 전체를 품은 우주 자체. 이것이 우리의 사랑을 요구할 권리가 있는 고향입니다. 우주보다 협소한 모든 것은, [⋯] 상당히 폭넓은 책무들을 부과할 수는 있겠지만 사랑의 책무를 부과할 수는 없습니다. 또한 이성의 통찰과 관련된 책무도 부과할 수 없다고 확신합니다."[125] 아름다움이 우주를 조형하여 조국으로 만든다. "우리가 우주를 사랑할 수 있기 때문에, 우주가 아름답기 때문에, 우주는 조국이다. 여기 지상에서 우주는 우리의 유일한 조국이다. 이 생각은 스토아주의자들의 지혜의 정수다. 우리는 천상의 조국을 지녔다."[126]

사랑의 "보편성"의 원천은 빛과 마찬가지로 어떤 **구별**도, 어떤 **경계 설정**도 허용하지 않는 **빈자리**다. "우리의 사랑은 태양의 빛처럼 공간 전체에 이르러야 하고 공간의 모든 구역에 골고루 퍼져야 한다."[127] **빈자리의 윤리**는 "빛의 차별 없는 분배"[128]처럼 보편성을 띤다. 빈자리의 윤리는 공동체를 넘어서 피조물 전체를 포괄한다. 그 윤리는 우리를 창조에 더 가까이 다가가게 하는 **탈창조의 윤리**로 표출된다. "가톨릭이어야katholisch 합니다. 즉, 피조물 전체가 아닌 어떤 특정한 피조물에 속박되지 말아야 합니다."[129] 여기에서 시몬 베유는 '가톨릭'의 원래 의미를 떠올리게 한다. '가톨릭'(희랍어 katholikós)은 '전체에 관한'을 뜻한다. '가톨릭'은 '보편적'과 동일하다.

2차 세계대전의 한복판에서, 나치의 발호를 목격하며 시몬 베유는 페랭 신부에게 이렇게 쓴다. "우리는 전례 없는 시대를 겪고 있습니다. **보편성**은 과거에는 암묵적이어도 괜찮았지만 우리의 현재 상황에서는 철저히 의식적으로 또 명시적으로 실현되어야 합니다. 보편성이 우리의 언어와 모든 행동 방식을 흠뻑 적셔야 합니다."[130] 사랑의 보편성 때문에, 사랑은 전체에 베푸는 자비로, 인류와 피조물 전체에 베푸는 자비로 간주된다. "사물, 존재, 사건이 적절하다 함은, 그것들이 존재한다는 것을, 그리고 그것들이 존재하지 않거나 달라지기를 우리가 바라서는 안 된다는 것을 의미한다. 그런 바람은 우리의 보편적 조국에 가하는 악행이요 세계 전체를 향한 스토아주의적 사랑에 어긋나는 짓이다."[131]

세계의 아름다움이 점점 더 파괴되고 민족주의와 외국인 혐오가 다시 창궐하는 지금, 베유의 절대적 보편주의는 과거 어느 때보다 절실히 필요하고 심지어 부득이하다. 우리 시대는, 시몬 베유가 2차 세계대전의 한복판에서 "새로운 신성함", "새로운 유형의 신성함", "천재적인 성자"를[132] 간절히 외치던 그 시절과 통념보다 훨씬 더 유사하다. 그 천재적인 성자는 "이제껏 두꺼운 먼지 아래 묻혀 있던"[133] 진실과 아름다움을 드러낼 수 있다. 흑사병이 창궐하는 도시처럼 오늘날의 세계는 천재적인 성자를 필요로 한다. 모든 천재는 주의의 천재다. **오직 신성함으로서의 깊은 주의만이 평화를 이뤄낸다.**

탈창조의 윤리로서의 빈자리의 윤리는 **자연적인 권력 경제**를 좌절시킨다. 강자가 약자에게 느끼는 연민은 어떤 우월 의식도 동반하지 않을 때, **자기 포기**를 기반으로 삼을 때 순수하고 초자연적이다. 그럴 때만 연민은 자비로서의 초자연적 사랑에 접근한다. 약자가 강자에게 느끼는 고마움도 **비굴함**이 섞여 있지 않다면 순수하고 초자연적이다. 그런 고마움은 약자의 **자부심**을 배제하지 않는다. 왜냐하면 **자부심**도 권력 경제의 바깥에 자리 잡기 때문이다. "약자가 강자에게 느끼는 공감은 자연적이다. 왜냐하면 약자는 강자의 입장에 섬으로써 상상된 강함을 얻기 때문이다. 반대로 강자가 약자에게 느끼는 공감은 사연에 반한다. 그러므로 약자가 강자에게 느끼는 공감은, 정말로 아량 있는 강자가 약자에게 느끼는 공감을 유일한 공감의 대상으로 삼을 때만, 순수하다. 그럴 때 약자가 느끼는 것은 초자연적인 고마움이며, 이 고마움은 초자연적 연민을 받아 행복하다는 느낌이다. 이 느낌은 자부심을 전혀 침해하지 않는다."[134]

복수와 증오는 둘 다 대칭 강박에서 유래한다. 나는 타인에게 당한 만큼 그에게 복수하려 한다. 복수는 교란된 균형을 재건한다. "모든 (받아들여지지 않은) 빈자리는 증오, 억울함, 원한, 복수심을 낳는다. 사람들이 누군가를 증오하면서 그가 겪기를 바라는 불행과 상상 속에서 실행하는 악은 균형을 재건한다."[135] 누가 나에게 악행을 하면, 교란된 균형을 회복하기 위해 복수하려는 욕구가 내 안에서 일어난다. 거꾸로 내가 타인에게 악행을 하면, 그 타인 안에서 결핍이 발생하고, 그는 나에게 똑같은 악행을 함으로써 그 결핍을 해소하려 한다. 빈자리의 윤리는 이 같은 대칭을 막는다. "타인들에게 악을 행한다는 것은 그들에게서 무언가를 받는다는 것을 의미한다. 과연 무엇을 받을까? 당신이 악을 행했을 때, 당신은 […] 무엇을 얻었을까? 당신은 더 커졌다. 당신은 팽창했다. 당신은 타인 안에 빈자리가 생겨나게 함으로써 당신 안의 빈자리를 메웠다."[136]

작용과 반작용이 한 평면상에서 맞설 때, 빈자리의 신역학은 그 평면을 떠난다. 내가 복수하지 않고 타인을 용서하는 순간, **더 높은 수준의 균형**, 곧 **빈자리의 층에서의 균형**이 발생한다. "용서. 사람은 용서할 능력이 없다. 누가 우리에게 악행을 하면, 우리 안에서 반작용이 일어난다. 복수를 요구하는 것은 본질적인 균형을 요구하는 것이다. 다른 층에서 균형을 추구하기. 스스로 이 경계까지 가야 한다. 이 경계에서 사람은 빈자리와 접촉한다."[137] 빈자리는 복수의 대칭성에 맞서 비대칭적 관계를 조성함으로써 윤리적인 힘을 발휘한다. 빈자리의 신역학은 우리를 더 높은 지위로 들어 올린다. 빈자리의 신역학은 **존재를 고귀하게 만든다**. "누군가가 우리에게 악행을 했는데 그 악행이 우리를 격하한다면, 그를 용서하기는 불가능하다. 그 악행이 우리를 격하하지 않고 오히려 우리의 참된 지위를 드러냈다고 과감히 생각해야 한다."[138]

용서는 끊임없이 기대를 생산하는 상상을 포기하는 것에 기반을 둔다. 기대가 헛일이 될 때, 우리는 실망한다. 그리하여 우리는 타인이나 우리 자신의 잘못을 탓한다. 용서하기란 타인뿐 아니라 자기 자신도 잘못이 없다고 판결하기다. "내가 사랑하는 누군가가 나를 실망시킨다.

나는 그에게 편지를 썼다. 내가 그의 이름을 빌려 나 자신에게 말한 바와 똑같은 내용의 답장을 그가 보내지 않는 것은 있을 수 없는 일이다. 우리가 상상 속에서 사람들에게 기대하는 바가 그들이 우리에게 진 빚이다. 그들을 이 빚에서 해방하기. 그들이 우리의 상상이 만들어낸 것과 다름을 받아들이기야말로 신의 포기를 본받기다. 나 역시 내가 상상하는 나와 다르다. 이를 깨닫기가 바로 용서다."[139] 용서는 내가 나를, 나의 기대를 명시적으로 도외시하는 것을 전제한다. 용서하는 사람은 **다름**을 명시적으로 인정한다. 타인의 **다름**뿐 아니라 자기 자신의 **다름**을 말이다. 그 사람 자신의 다름은 그 사람과 그 사람의 상상을 떼어놓는다.

시몬 베유는 용서뿐 아니라 정의正義도 다름을 중심으로 이해한다. "정의. 타인이 앞에 있을 때(혹은 당신이 타인을 생각할 때) 당신이 읽는 바와 그 타인이 다름을 늘 기꺼이 인정하기. 더 나은 표현으로 바꾸면, 당신이 타인에게서 읽는 바와 그 타인이 확실히 다르다는 점, 어쩌면 전혀 다르다는 점도 그 타인에게서 (늘) 읽어내기. […] 어떤 존재든지 **다르게 읽기** 위해 침묵으로 외친다."[140] 노예화 혹은 굴복시키기가 의미하는 바는 내가 타인을 읽는 혹은 읽고자 하는 방식대로 타인이 그 자신을 읽도록 강제하기다. 반대로 정복하기 혹은 점령하기란 내가 나 자신을 읽는 혹은 읽고자 하는 방식대로 타인이 나를 읽도록 강제하기를 의미한다.[141] 굴복시키기와 점령하기는 둘 다 다름으로서의 정의에 어긋난다. 다름으로서의 정의의 본질은 자기 안에 빈자리를 창출하기다. 베유가 주창하는 **타인의 윤리**는 빈자리를 기반으로 삼는다. 그 윤리가 명령하는 바는 내가 나를, 나의 기대를 도외시하고 나의 의지와 상상을 거스르는 방향으로 타인을 읽는 것이다. 오직 **타인을 향한 주의**만이 타인을 대하는 정의로운 태도다.

정의는 권력 경제 바깥에서 이루어진다. 정의는 권력 경제를 무효로 만든다. 권력에서 우월한 자가 자발적으로 자기를, 자신의 권력을 포기한다. 그는 그 자신을 포기한다. 정의는 이 같은 권력 포기 덕분에 이루어진다. 이런 점에서 정의는 초자연적이다. "당신이 동등하지 않은 권력관계에서 우월한 자라면, 정의라는 초자연적인 덕의 핵심은, 당신이 마치 권력이 동등하게 분배되어 있는 것처럼 행동하는 것이다. 미미하기 이를 데 없는 어투와 태도까지 모든 면에서 그렇게 행동해야 한다. 왜냐하면 영하의 온도에서 액체 상태를 유지하던 물이 아주 작은 흔

빈자리

들림에 얼어붙듯, 사소한 사항 하나만으로도 열등한 자를 이 상황에서 그에게 자연스러운 질료의 상태로 되돌려놓기에 충분하기 때문이다. 우월한 자로부터 그렇게 대우받는 열등한 자의 입장에서 그 덕의 핵심은, 권력이 실제로 동등하게 분배되어 있다고 믿지 않고 타인의 아량이 이 대우의 유일한 이유임을 인정하기다."[142]

초자연적인 아량을 베풀 수 있는 사람은 "물과 성령 Geist으로 태어난"[143] 영혼을 얻는다. 물과 성령이란 다름 아니라 "이중의 순종"[144]이다. 물은 물질의 근원적 수동성의 화신이다. 세례를 받는 사람은 물속으로 사라진다. 그렇게 그는 그 자신을 부정한다. 그는 물질의 근원적 수동성을 받아들인다. 물질처럼 **순종한다**. 또한 신적인 영감에 대한 **수용성**은 인간 정신Geist의 특징이다. "그것들(물과 정신) 안에는 그것들의 의지, 인격, 자아라고 부를 만한 것이 사라지고 없다."[145]

빈자리는 **영혼의 초자연적 중심**이요 경직된 **구별**이 발생하지 않는 장소다. 거기에는 타인과 구별되는 **자아**가 없으며, **구별**에 기반을 둔 **평가**나 **판정**도 없다. 이 같은 **경계** 없는 빈자리는 모든 속박이 무효화된 해방 상태의 특징이다. **비워진** 영혼은 존재하는 모든 것에 구별 없이 공감한다. 그런 영혼은 아무것도 **자기 것으로** 품지 않는다. **내주고, 용서한다.** 그야말로 **남김없이** 다 내준다.

　빈자리와 상상은 상반된 두 힘이다. 상상은 하나를 상쇄하는 다른 하나를 만들어냄으로써 대칭을 회복하려 애쓴다. 이를테면 상실을 상쇄하는 위로를 만들어내는 식으로 말이다. 그렇게 상상은 외견상의 채움으로 영혼을 유혹한다. "어떤 상황에서건 간에, 상상과 상상의 외견상의 채움을 막으면, […] 빈자리가 생겨난다."[146] 상상력은 거짓말하는 기관이다. "빈 공간을 채우는 상상력은 본질상 거짓말쟁이다."[147] 빈자리는 **그림**(성상聖像)**이 금지된** 장소다. 죄는 우리가 끊임없이 빈자리를 배반하고 환상에 불과한 그림들로 채우는 것에서 유래한다. "모든 죄는 빈자리를 채우려는 시도다."[148] 상상의 유혹에 넘어가지 않는 빈자리만이 존재의 참된 충만을 드러낸다. 빈자리는 은총을 받아들인다. "빈자리를 몰아내려 하는 상상력의 활동을 끊임없이 억누르기. 당신이 빈자리를 얼마든지 받아들인다면, 어떤 운명의 시련도 당신이 우주를 사랑하는 것을 방해할 수 없다. 어떤 일이 벌어지건 간에, **우주는 충만이라고** 당신은 확신한다."[149] 우리가 빈자리의 힘으로 **먹기**를 포기하고 **바라볼** 때, **초자연적인 빵**이, **충만**이 우리에게 떨어진다. "한순간이라도 빈자리를 견뎌내는 사람은 초자연적인 빵을 받거나 쓰러지거나 둘 중 하나다."[150]

의지가 포기될 때 빈자리가 생겨난다. 의지는 사물을 있는 그대로 놔두지 않는다. 의지 자신을 사물에 새겨넣는다. 의지는 상상을 추진하는 힘이다. 빈자리의 신역학은 이 과정에 제동을 건다. "모든 상황에서, 모든 특수함을 넘어서, 비워진 의지를 품기, 빈자리를 의지하기. 우리가 상상할 수도 없고 그 본질을 규정할 수도 없는 저 선善은 우리에게 빈자리이므로. 그러나 이 빈자리는 어떤 충만보다 더 충만하다. 거기에 도달하면, 구원을 받는다. 신이 이 빈자리를 채울 것이므로."[151]

상상은 죽음 앞에서 특히 궁지에 몰린다. 상상은 양팔 저울의 한 접시에 놓인 죽음에 맞서 다른 접시에 올릴 추를 고안해내야 한다. 이는 빈자리를 다시 메우기 위해서다. "죽음을 견뎌내기 위해 승리를 지어낸,《스페인 증언록Spanish Testament》(《한낮의 어둠》을 쓴 작가 아서 쾨슬러의 스페인 내전 회고록—옮긴이) 속의 민병대원들. 우리 상상의 생산물을 통해 빈자리를 몰아낸 사례. 승리로 얻을 것이 없더라도, 사람들은 승리할 사안을 위해서는 죽음을 견뎌 내지만 패배할 사안을 위해서는 그렇게 하지 못한다. 어떤 힘도 없는 것을 위해 죽는다면, 그것은 초인적인 죽음일 터이다(그리스도의 제자들). 죽음에 대한 생각은 반대쪽에 얹어 균형을 잡을 추를 요구하는데, 그 추가 될 수 있는 것은—은총을 제외하면—오직 거짓말뿐이다."[152] 빈자리란 궁극적으로 죽음을 배우기, 자기를 죽음에 내주기다. "기도하기는 죽기라고 할 만하다."[153]

"나의 신이여, 내가 아무것도 아닌 것이 되게 하여주소서!"
— 시몬 베유

시몬 베유 Simone Adolphine Weil
(1909.2.3.–1943.8.24.)

프랑스의 철학자, 노동운동가, 레지스탕스 활동가, 신비주의 사상가. 고등사범학교를 졸업하고 22세에 교수자격시험에 합격해 고등학교에서 철학을 가르쳤다. 공장에 취업해 일하며 노동운동을 하기도 했고, 스페인 내전이 일어나자 아나키스트 부대에 합류하고 2차 세계대전 중에는 런던의 프랑스 망명정부에 참여하는 등 다양한 활동을 했다. 폐결핵 진단을 받고 영국 애슈퍼드의 요양원에서 요양하던 중 서른넷의 짧은 생을 마감했다. "우리 시대의 유일한 위대한 정신"(알베르 카뮈), "금세기 최고의 영성작가"(앙드레 지드), "그녀의 영혼은 그녀의 천재성과는 비교도 안 될 만큼 숭고하다"(T. S. 엘리엇)와 같은 평가를 받았다. 사후 출간된 다수의 책 중 《중력과 은총》《신을 기다리며》《뿌리내림》《일리아스, 혹은 힘의 시》《신의 사랑에 관한 무질서한 생각들》《쿠튀리에 신부에게 보내는 편지》 등이 우리말로 번역되어 있다. 재독 철학자 한병철은 《신에 관하여: 시몬 베유와의 대화》에서 베유의 급진적이고도 근원적인 사상이 바로 지금 여기에서 절실히 필요함을 보여주면서, 시몬 베유와 함께 삶을 다시 아름다움과 의미의 빛 속으로 불러들이는 길을 모색한다.

고요

나와서 산 위, 주님 앞에 서라.
바로 그때에 주님께서 지나가시는데,
크고 강한 바람이 산을 할퀴고
주님 앞에 있는 바위를 부수었다.
그러나 주님께서는 바람 가운데에 계시지 않았다.
바람이 지나간 뒤에 지진이 일어났다.
그러나 주님께서는 지진 가운데에도 계시지 않았다.
지진이 지나간 뒤에 불이 일어났다.
그러나 주님께서는 불 속에도 계시지 않았다.
불이 지나간 뒤에 조용하고 부드러운 소리가 들려왔다.
엘리야는 그 소리를 들으며 겉옷 자락으로 얼굴을 가렸다.

― 〈열왕기 상권〉

구조적인 차원에서 보면, 고요의 상실도 종교가 위기에 처한 원인의 하나다. 근대는 소음의 시대다. 신의 죽음에 관하여 니체는, 소음이 신을 죽였다, 하고 말할 수도 있었을 법하다. 니체는 범람하는 소음을 생각하기의 위기를 초래한 원인으로도 꼽는다. 주의의 천재는 고요를 필요로 한다. "**마비되기보다는 차라리 귀먹기를.**—과거에 사람들은 **외치려** 했다. 하지만 이제 그것으로는 충분하지 않다. 시장이 너무 커졌기 때문이다. **울부짖어야** 한다. 그리하여 좋은 목청도 견딜 수 없을 정도로 울부짖고, 최고의 상품들이 쉰 목소리로 소개된다. 이제 시장의 울부짖음과 쉰 목소리가 없으면 천재도 없다.—사상가에게는 당연히 악한 시대다. 사상가는 한 소음과 다음 소음 사이에서 자신의 고요를 발견하는 법을 배워야 하고, 정말로 귀먹을 때까지 귀먹은 척해야 한다. 이를 배우지 못하면, 조급함과 두통 때문에 몰락할 위험에 처한다."[154]

오늘날 시장은 더욱더 커지고 시끄러워졌다. 온 세상이 요란한 시장으로 바뀌는 중이다. 이제 모든 것이 상품이다. 모든 것이 주의를 끌기 위해 소음을 내고 울부짖는다. 삶 자체가 시장과 상품의 형태를 띤다. 누구나 자기를 부리는 사업가로서 끊임없이 **자기를 생산하고 공연한다.**

그렇게 누구나 시장의 호객꾼과 닮았다. 자본주의는 고요를 좋아하지 않는다. 생산성이 높을수록, 더 많은 소음이 생산된다. 소음이 자본을 증식한다. 혹은 자본이 스스로 증식하기 위해 소음을 낳는다. 고요는 생산하지 않는다. 신자유주의적 성과 및 최적화 강제는 내적인 강제로서 영혼 안에서 요란한 소음을 일으키고 영혼을 병들게 한다. 외적인 강제보다 내적인 강제가 영혼 안에서 더 많은 소음을 일으킨다. 내적인 강제는 영혼을 쉬지 못하게 한다. 번아웃burn out은 내적인 소음으로 인한 급성 청각 장애라고 할 만하다. 우리는 행복을 가져다주는 저 내적인 고요를 듣지 못한다. 시몬 베유는 이렇게 말한다. "내적인 고요만 한 행복은 없다."[155]

디지털 과도過度 소통은 고요를 파괴한다. 정보는 **그 자체로** 소음이다. 오늘날 우리는 모든 것을 정보로서 지각한다. 그리하여 정보 및 소통 쓰레기가 세상을 소음으로 뒤덮는다. 소음으로서의 정보는 주의를 깨부순다. 오직 관조적 주의만이 고요에 접근할 수 있다. 영혼을 공격하는 정보 및 소통 소음은 근대의 기계 소음보다 훨씬 더 파괴적이다. 정신이 전혀 다른 것을 만들어내거나 수용할 수 있으려면, 고요가 필요하다. 창조의 장소는 고요하다. 정신의 관조적 상태는 이행 상태, **문턱 상태**다. 그 상태에서는 이미 알려진 것 혹은 완성된 것이 전혀 다른 것에게 당분간 자리를 내준다. 시인은 언어를 관조적 상태에 처하게 만든다. 그 상태에서 "언어는 소통적, 정보적 기능을 중지한다. 바꿔 말해, 언어는 가만히 쉬면서 자신의 언어 능력을 고찰하고, 이런 식으로 새로운 사용 가능성들을 개척한다."[156] 반대로 언어가 정보 및 소통의 기능에 매몰되면, 시 쓰기 곧 언어의 혁신은 불가능하다.

또한 관조적 고요는 생각이 **생각 자신을 고찰함으로써 새로운 생각 형태들을 만들어낼** 수 있게 해준다. 이런 점에서 철학은 시 쓰기와 유사하다. 정신은 비워지고 고요로부터 새로 태어날 때만 전혀 다른 것을 기꺼이 받아들인다. "주의란 […] 정신을 가용하고 비어 있으며 대상을 향해 열린 상태로 유지하기다. 무엇보다도 정신이 비어 있어야 한다. 찾아 나서지 않고 기다려야 하고, 정신 안으로 들어올 대상을 그것의 발가벗은 진실 그대로 받아들여야 한다."[157] 오직 고요만이 정신을 창조에 접근시킨다. 요란한 소통은 고요에 접근할 길을 봉쇄한다. 고요가 없으면 **같음**이 계속된다. 고요는 **새로움의 산파**다. 따라서 고요의 상실은 종교의 위기로 이어질 뿐 아니라 정신의 위기, **생**

각하기와 시 쓰기의 위기로도 이어진다.

오늘날 우리는 거의 전적으로 정보를 중심으로 실재를 지각한다. 이렇게 된 원인은 일차적으로 실재의 디지털화에 있다. **정보가 앞에 나서 실재를 가린다.** 그렇게 정보가 **서술 이전의 현존 경험** vorprädikative Präsenzerfahrung(현존 경험 곧 여기 있음 경험이란 애당초 제시되는 바 곧 여기 있는 바를 경험하다—옮긴이)을 막는다. 정보는 무언가를 **의미하고 재현한다**(다시-제시한다 re-präsentieren)는 점에서 서술적 단위다. 디지털 소통은 정보 교환이 전부다. 따라서 디지털 소통에는 어떤 단박 **접촉**도 단박 **현존**도 없다.

우리는 소리조차도 의미로서 지각한다. 이를 위해 우리는 소리를 해석한다. 이를테면 이웃이 드릴로 벽을 뚫으면서 내는 소리라고 말이다. 하지만 전혀 다른 지각이 가능하다. 우리는 소리를 말하자면 **침묵으로서** 지각하면서 모든 형태의 의미를 배제할 수 있다. 거의 **기도할 때처럼 의도 없이, 부정적 노력으로서의 주의 상태로, 고요를 통하여, 빈자리를 관통하여** 소리를 지각할 수 있다. 그럴 때 자아는 **고요히 침묵한다.** 그 고요 속에서 사물 혹은 소리는 말하자면 사물 혹은 소리 자신에게로 돌아간다. 자아에 의해, 자아의 상상력에 의해 교란되지 않고 고요 속에 잠긴다. "모든 소리는 고요를 풍부하게 만든다. 닭의 침묵, 도끼의 침묵, 귀뚜라미와 개의 침묵이 있다. 사회 안에 있는 사람은 이 침묵을 절대로 듣지 못한다. 왜냐하면 이 소리들이 그에게 도달하지 못하기 때문이다. 소리는 수줍음을 탄다. 오직 외로운 자만 찾아간다."[158] 정보는 수줍음을 타기는커녕 달려든다. 지각에 들이닥친다. 그렇게 정보는 우리를 귀먹게 만들어, 고요 속으로, 침묵 속으로 물러나는 **수줍은** 사물들의 소리를 듣지 못하게 한다. "소통"은 침묵과 정면으로 맞선다. 소통은 도끼의 침묵조차도 듣게 만드는 외로움을 허용하지 않는다.

대체로 우리는 사물들을 지각할 때도 생활세계에서 그것들이 갖는 의미를 중심으로 지각한다. 하이데거의 어법을 쓰면, 도끼는 "도구"다. 목적에, 위하여Um-zu에 종사하는 연장이다. 종사함이야말로 도구의 본질이다. 도구는 **침묵하지 않는다. 늘 무언가를 발설하고 가리킨다.** 우리는 도구의 의미 곧 기능을 중심으로 도구를 지각한다. 우리는 나무를 베기 위하여 도끼를 손에 쥔다. 이 위하여가 도구의 본질이다. 하이데거는 도구에 의미를 제공하는 기능 맥락을 "유의미성Bedeutsamkeit"이라고 부른다. "유의미성"으로서의 세계 안에는 **사물들의 침묵**이 없다. 왜냐하면 사물들은 기능을 수행하는 도구로, 의미를 담은 그릇으로 머무르기 때문이다. 모든 것이 위하여에 예속된다. 위하여로 이루어진 세계, 기능 맥락에 예속된 세계 안에는 고요가 없다. 그러므로 하이데거의 (인간을 부르는 존재론적 명칭인) "현존재Dasein"는 **도끼의 침묵**을 들을 수 없다. 침묵하는 도끼는 "도구"이기를 그치니까 말이다.

후고 폰 호프만스탈(오스트리아 극작가—옮긴이)은 유명한 〈찬도스 경의 편지〉(찬도스 경이라는 허구의 인물이 프랜시스 베이컨에게 보낸 편지 형식으로 쓴 호프만스탈의 산문—옮긴이)에서 이렇게 말한다. "말이 앞에 나서 사물들을 가렸다."[159] 요란한 말이 우리를 귀먹게 만들어 **사물들의 침묵**을 듣지 못하게 한다. 〈찬도스 경의 편지〉가 다루는 주제는 사물들에 기반한, 깨달음의 성격을 띤 현존 경험이다. 물뿌리개, 이끼 낀 돌멩이, 밭에 방치된 써레 같은 보잘것없는 사물이 불현듯 "숭고하고 감동적인 성격"을 띠고, "갑자기 부드러운 밀물처럼 몰려오는 신성한 느낌으로" 관찰자를 뒤흔든다.[160] 그 사물은 이제 "도구"가 아니다. 이 같은 서술에 앞선, 매개되지 않은 현존 경험은 관찰자를 "말보다 더 직접적이고 더 유동적이며 더 이글거리는 물질 안에서 생각하는 상태"로 몰아넣는다.[161] 이것은 마법적인 방식으로 세계와 관계 맺기다. 이 관계 맺기를 지배하는 것은 재현하기(다시-제시하기) 곧 표상하기가 아니라 단박 **접촉**과 **현존**이다.

오직 응축되어 강렬한 현존 경험만이 고요 경험으로서 우리를 신에게로 이끈다. **사물들의 침묵, 소리의 침묵**은 신의 침묵의 잔향이다. "모든 소리에서 신의 침묵을 듣기. 여기 지상에서 소리가 무언가를 의미한다면, 어떻게 우리가 신의 침묵을 들을 수 있겠는가. 신은 선하므로, 소리는 절대적으로 아무것도 의미하지 않는다. 신은 신 자신이 자신을 우러러 외치게 하고 그 외침에 대답하지 않는다. 우리가 무언가를 의미하는 소리를 간절히 필요로 할 때, 대답을 얻기 위해 외치지만 대답을 얻지 못할 때, 우리는 신의 침묵과 접촉한다. 그럴 때면 대개 우리의 상상력이 소리 안에 말을 집어넣는다. 사람들이 구겨진 빨래나 연기에서 모양들을 보며 빈둥거릴 때처럼."[162]

오늘날 우리는 정보 소음과 소통 소음에 항상 노출되어 있기 때문에 더는 기도할 수 없다. 우리의 눈은 끊임없는 **게걸스러움**을, 끊임없는 "먹기"를 강제당하기 때문에, 우리는 눈을 감을 수 없다. **눈 감기는 고요 속에 굳건히 머무르기**를 의미한다. "기도할 때와 바라볼 때 온 영혼은 고요 속에 굳건히 머무르며 빈자리를 견뎌내야 한다. 그리하여 오직 초자연적 부분만이 작동하면서, 공허하게 작동하면서, 영혼의 모든 에너지의 최고점에 연결되도록."[163] 영혼의 초자연적인 부분을 위축시키는 **영혼의 비만**은 영혼 안에서 고요가 확산하지 못하게 막는다. 자아는 상상력으로 소음을 일으키고 모든 빈 공간을 메운다.

자아가 터무니없이 강해지는 이 시대에 우리는 신에게 접근할 통로를 잃었다. "신의 의지 — 어떻게 신의 의지를 알 수 있을까? 내적인 고요를 회복할 때. 모든 요청, 모든 견해를 침묵시키고, 사랑으로, 온 영혼으로 말없이 생각할 때."[164] 탈창조는 **영혼을 고요하게 만든다**. 탈창조는 "꺼버리기" 과정을 작동시켜 우리를 신에게 데려간다. 신에게 도달하면 요란한 자아가 꺼진다. "나라고 말하는 그것을 꺼버리는 이 과정은 때로는 행복을, 때로는 아픔을 동반하지만, 어느 경우에나 본질적으로 행복한 과정이다. 왜냐하면 내적인 고요가 천천히 뿌리를 내리며 성장하기 때문이다."[165]

고요는 아감벤이 탈창조와 관련하여 언급하는 "백지 白紙"다. 그 백지는 아직 어떤 글자도 적혀 있지 않지만 어떤 말이든지 만들어낼 수 있다. 그 백지는 **창조의 장소**다. "음악이 그렇듯이(발레리Valéry), 시는 고요에서 나와 고요로 돌아간다."[166] 고요에 이르는 통로를 참된 시 쓰기가 열어준다. "**시 쓰기. 말을 통해 고요에, 이름 없음에 도달하기.**"[167] 음악은 "고요를 모방한, 음들의 질서"[168]다. 주의의 천재는 먼저 관조에 빠져들어 저 고요를 들어야 한다. 고요 속으로의 상승 다음에 하강 운동이 이어지고, 그 운동으로부터 음들이 사랑의 표현으로서 나온다. **고요는 사랑이다.** "가장 아름다운 음악은 고요의 순간에 최고로 응축된 강렬함을 부여하여 청자가 고요를 경청할 수밖에 없게 만드는 음악이다. […] 작곡가는 고요를 경청하는 법을 가장 먼저 깨달아야 한다. 정말이지 말 그대로 고요를 경청하는 법을. 주의를 온전히 청각에 집중하고 소리의 부재에 집중하기. 고요 다음에, 초월자의 행진 다음에 하강 운동이 일어난다. […] 그리고 하강이 사랑인 순간이 도래한다."[169]

신의 침묵은 말이나 음의 부재가 아니다. 신의 침묵을 듣는 것은 대단히 긍정적인 지각이다. 소리를 듣는 것보다 더 긍정적이며, 말을 듣는 것보다 무한히 더 의미심장하다. 신의 침묵은 **감각으로 느낄 수 있는 응축된 강렬함, 자연의 아름다움마저도 능가하는 강렬함**이다. 신의 침묵은 결핍이 아니라 **무한한 넘침**이다. "침묵은 음의 부재가 아니라 음보다 무한히 더 실재한다는 점, 침묵은 음들이 통일되어 낼 수 있는 가장 아름다운 화음보다 더 완전한 조화의 현장이라는 점이 감각 자체가 맞이한 경이로운 행운 덕분에 드러나기라도 한 것 같다. 하지만 침묵에도 정도 차이가 있다. 세상의 아름다움에도 침묵이 있지만, 그 침묵은 신의 침묵과 비교하면 소음과 같다."[170] 신은 **절대적 역량**의 화신이므로 침묵한다. 어떤 말이든지 그 절대적 역량을 약화할 테니까 말이다. 신의 침묵은 어떤 말보다 더 강하고 화려하다. 신의 침묵과 비교하면 어떤 말이든지 소음에 불과하다.

신성한 고요를 니체만큼 아름답고 풍부하게 묘사한 사람은 없다. "활동적이고 파란만장한 인생의 오전을 보낸 자의 영혼이 인생의 정오에 기이한 휴식 갈망에 압도된다. 그 갈망은 여러 달, 여러 해 동안 지속될 수 있다. 고요가 그를 감싸고, 목소리들이 점점 더 멀어진다. 햇빛이 그에게 내리꽂힌다. 외딴 풀밭에서 그는 위대한 판Pan이

잠자는 것을 본다. 자연의 모든 사물이 판과 함께 잠들었다. 그가 보니 얼굴에 영원의 표정을 띤 듯하다. 그는 아무것도 의지하지 않는다. 그의 심장은 고요히 멈추고 눈만 살아 있다. 깨어 있는 눈으로 맞는 죽음이다."[171] **위대한 고요**가 지배하면, 의지는 모두 물러난다. 자아는 **죽는다**. 본인의 심장 박동조차도 신성한 고요를 깨뜨리지 못한다. 저 깨어 있는 눈은 완전히 **비어 있다**. 시몬 베유라면, 그 눈이 신의 침묵으로 가득 차 있다고 말할 법하다.

아름다움

신은 순수한 아름다움이다.

- 시몬 베유

오늘날 아름다움은 모든 **거룩함**을, 모든 **영성**을 상실하고 소비의 대상으로 전락한다. 소비의 내재는 아름다움에서 모든 초월을, 모든 깊이와 가늠할 수 없는 심연을 약탈한다. 오늘날 아름다움의 좌우명은 **좋아요**다. 제프 쿤스는 영락없는 **좋아요**의 예술가다. 한 전시회를 계기로 그는 이렇게 말한다. "〈풍선 개〉(제프 쿤스의 조각 연작—옮긴이)는 경이로운 오브제다. 그 작품의 의도는 관람자의 존재를 확실히 하는 것이다. 나는 거울처럼 빛을 반사하는 재료를 자주 사용한다. 왜냐하면 그런 재료는 관람자의 자기 확신을 자동으로 강화하기 때문이다. 어두운 곳에서는 당연히 효과가 없다. 하지만 그 오브제 바로 앞에 서면, 관람자가 거기에 비춰 자기를 확인하게 된다."[172] 그 예술작품은 나의 자아감을 강화하면서 나의 이야기는 완벽하다고 속삭여주는 거울이고자 한다. 그 작품 앞에서 유일하게 가능한 외침은 이것이다. **나다!**

일찍이 칸트는 아름다움을 자기에 대한 느낌Selbstgefühl으로 간주했다. 아름다움은 "쾌감"을 일으키는데, 쾌감은 궁극적으로 주체가 주체 자신에 대하여 느끼는 만족감이다. 칸트 미학의 근대성은 아름다움을 주체의 내재에 예속시킨다는 점에 있다. 시몬 베유는 아름다움의 거처를 주관적 쾌감의 내재 바깥으로 옮긴다. 아름다움에는 외재성이, 근본적인 다름이 깃들어 있다. 쾌감이 아니라 아픔이 아름다움을 성립시킨다. "아름다운 것—예컨대 바다, 하늘—에는 **환원 불가능한** 무언가가 들어 있다. 신체적 아픔에도 **마찬가지**. 동일한 환원 불가능한 무언가. 지성이 뚫고 들어갈 수 없는 무언가. 내가 아닌 다른 것의 존재. 아름다움과 아픔의 근친성."[173] 아름다움은 반드시 초월과 연결되어야 한다. 안 그러면 아름다움은 소비 대상으로 전락한다.

심층적으로 보면 예술은 대단히 종교적이다. 예술은 우리를 "초월하는" 것과 우리 자신의 "성스러운 접촉"[174]을 성사시킨다. 예술은 "형태가 된 깨달음"이다. 예술 안에서 "무언가가 번득인다".[175] "확실히 위대한" 예술이라면 어떤 예술이든지 "초월적 차원"을 가리킨다. "명시적으로—곧 리추얼적으로, 신학적으로, 계시의 도움으로—또는 암묵적으로" 무언가를 가리키는데, 그 무언가는 "내재적이며 순전히 세속적인 영역 바깥에 자리 잡은 것으로"[176] 경험된다. "낯선 것의 예언적 숨결"[177]이 예술에 혼을 불어넣는다. 예술은 "우리 자신이 미지의 것의 가까운 이웃이라는 점"을[178] 감지하게 해준다. "다름"이 없으면, "경악의 아우라Aura"[179]가 없으면, 예술은 **좋아요**로, 쾌감 예술로 주저앉는다. 아름다움은 숭배적, 종교적 맥락에서 기원한다. 최고의 아름다움은 성체다. **아름다움을 구원하기란 아름다움을 소비 강제에서 빼내 다시 신령하게 승화하기다.**

시몬 베유에게도 아름다움은 성체다. "플라톤의 말마따나 아름다움은 정말로 신의 체현體現이다."[180] 아름다움은 "물질 안에 신이 깃들어 있음"[181]이다. 아름다움은 신의 모든 속성 가운데 우주 안에 구현된 유일한 속성이다. 아름다운 것을 볼 때 우리는 신이 존재함을 확신하게 된다. 아름다움이 있다는 것은 신의 존재 증명이다. "통상적으로 제시되는, 세계의 질서에 근거를 둔 신의 존재 증명은 궁색하다. 하지만 이렇게 말할 수 있다. 인간이 그리스 조각 앞에서처럼 자연의 광경 앞에서 미적인 관조 상태에 빠질 수 있다는 사실이 신의 존재를 증명한다."[182]

시몬 베유는 플라톤주의자다. 하지만 그녀는 기독교적 시각으로 플라톤을 읽는다. 그녀가 보기에 그리스도는 플라톤의 〈국가〉에서 언급되는 정의로운 사람이다. 플라톤에 따르면, 완벽한 정의의 화신인 이는 가장 큰 불의를 당해야 한다. 만약에 그가 타인들에게 정의롭게 보인다면, 타인들이 그를 칭송할 테고, 결국 그는 칭송받기 위해서 정의롭다는 의심을 살 터이다. 오직 외견상 극심한 불의를 당하는 사람만이 정의를 내세움 없이 정의롭다. 그런 사람은 "묶이고, 채찍질 당하고, 고문당하고, 양쪽 눈의 시력을 빼앗기고, 가능한 해악을 모두 겪은 뒤에 결국 목매달려 죽임을 당할 것이다."[183] 시몬 베유는 플라톤의 대화편 〈국가〉에 나오는 정의로운 사람을 명시적으로 언급한다. 그녀가 플라톤을 끌어들이는 대목에서 독자는 정의로운 사람에 대한 그녀의 추모를 이해하게 된다. "정의롭기 위해서는 발가벗겨져야 하고 죽어야 한다. 우쭐거림 없이. 따라서 정의의 모범도 발가벗겨지고 죽어야 한다. 오로지 십자가만이 우쭐거리는 본받기를 철저히 금지한다."[184] 시몬 베유는 아름다움에 관하여 숙고할 때도 플라톤을 언급한다. "순수하고 참된 아름다움을 느끼게 하는 모든 것에 실제로 신이 깃들어 있다. 세계 안에는 신의 체현이라고 할 만한 것이 있는데(《티마이오스》), 이를 아름다움에서 알 수 있다. […] 아름다움은 신의 체현이 가능함을 보여주는 실험적 증거다. 그러므로 최고 수준의 예술이라면 어떤 것이든지 본질상 종교적이다(오늘날 사람들은 이를 알지 못하게 되었다). 모든 최고 수준의 예술은 신의 체현의 증거다. 그레고리오 성가의 멜로디는 순교자의 죽음에 못지않은 증거다."[185]

베유의 아름다움 개념은 어느 모로 보나 **좋아요**의 소비주의적 미학과 맞선다. 베유가 말하는 아름다움의 핵심 특징은 처분 불가능성이다. 어떤 의도적인 움켜쥠으로도 아름다움을 붙잡을 수 없다. 오직 하염없이 머무르는 관조적 주의만이 아름다움에 접근할 수 있다. "아름다움 앞에서 알맞은 행동은 바라보기와 기다리기다. 아직 상상과 의지와 희망을 품을 수 있다면, 아름다움은 나타나지 않는다."[186] 아름다움은 거리두기를 명령한다. 오늘날처럼 총체적 거리 없음과 총체적 처분 가능성이 지배하면 우리는 아름다움뿐 아니라 신으로부터도 단절된다. "동요 없이 굳건히 머무르면서, 열망하는 상대에게 다가가지 않으면서 그 상대와 하나 되기. 신과 하나 되기는 그런 식이다. 신에게 다가갈 수는 없다. 거리는 아름다움의 영혼이다."[187]

좋아요는 먹기의 질서를 따른다. 좋아요는 소비주의적 태도를 잘 표현한다. 먹기는 아름다움을 파괴한다. 오직 주의 깊게 바라보기만이 아름다움을 구원한다. 아름다움은 "사람들이 손을 뻗어 움켜쥐려 하지 않고 바라보는 열매다".[188] 아름다움은 영혼이 비만증에 걸리지 않게 해준다. 왜냐하면 아름다움은 바라보는 자에게 "먹기"를 포기하라고 권고하기 때문이다. 아름다움 앞에서 영혼은 금식해야 한다. "아름다움은 육체적인 자극이지만 멀찌감치 떨어진 곳에 머물며 포기할 것을 요구하는 자극이다. 그 포기는 가장 깊은 내면의 포기, 곧 상상력의 자기 부정을 포함한다. 사람들은 다른 모든 열망하는 것을 먹으려 한다. 아름다움은 사람들이 열망하면서도 먹으려 하지 않는 것이다. 우리는 아름다움이 그대로 존재하기를 열망한다."[189] 먹기는 인류의 근본적인 악을 일으키는 원인이다. "어쩌면 악행, 타락, 범죄는 본질상 거의 항상, 혹은 항상, 아름다움을 먹으려는 시도, 바라보기만 해야 할 것을 먹으려는 시도다. 하와가 물꼬를 텄다. 그녀가 한 열매를 먹음으로써 인류를 파멸로 향하게 했다면, 구원은 정반대의 행동을 통해, 열매를 먹지 않고 바라보기를 통해 이루어져야 한다."[190]

상상력은 사물을 평가하고 써먹음으로써, 바꿔 말해 가치와 효용으로 환원함으로써 흡수통일하려 애쓴다. 상상력은 초월적 위胃다. 즉, "먹기"에 종사하는 기관이며, "바라보기"를 어렵게 만든다. "상상력은 늘 요구와, 바꿔 말해 가치와 결부되어 있다. 오직 대상 없는 요구만이 상상력의 관여가 없다. 아름다움은 발가벗었다. 상상력의 베일에 싸여 있지 않다. 상상력의 베일에 싸여 있지 않은 모든 것에 신이 깃들어 있다. 성체의 축성祝聖(성체 성사에서 드리는 감사기도. 이를 통해 빵과 포도주가 그리스도의 살과 피로 바뀐다—옮긴이)은 한 줌의 물질을 발가벗기는 초자연적 과정이다."[191] 성체의 축성은 물질 한 줌을 **노출시킨다. 감쌌던 베일을 걷어내 발가벗긴다.** 바꿔 말해, 그 물질 한 줌에서 모든 목적성을 벗겨내고 그럼으로써 그것을 신성한 것으로 변화시킨다. 성체는 발가벗었고 비어 있는 한에서 신성한 물질이다. 어떤 목적도 효용도 없는 발가벗은 물질은 성체다. 그런 물질은 **배고픔**을 달래주지 않는다.

상상력은 사물들을 위하여에 예속시켜 흡수통일하는데, 미래는 그런 위하여, 목적성, 목적과 결부되어 있다. **빈자리의 신역학**은 사물들을 모든 상상된 미래가 제거된 **순수한 현재**에 처하게 한다. 즉, 상상을 무력화한다. 어떤 상상도 끼어들지 않은, **단지 여기 있음**이야말로 신성하다. "아름다움은 우리 안의 목적성을 체포하여 어떤 목표도 없도록 비우고 요청을 체포하여 어떤 대상도 없도록 비운다. 아름다움은 요청에게 현재의 대상을 주고 그럼으로써 요청이 미래로 추락하는 것을 금지한다."[192]

아름다움은 **목적 없는 수단**이다. 제자리에서 쉬며, 그럼으로써 모든 목적에서 벗어난다. 오직 어떤 목적도 추구하지 않고 무위할 때만 우리는 아름다움에 다가간다. "아름다움은 어떤 목적도 품고 있지 않으며 바로 그렇기 때문에 여기 지상에서 유일하게 목적답다. 여기 지상에는 목적이 아예 없다. 우리가 목적으로 간주하는 것들은 실은 모두 수단이다. 이것은 공공연한 진실이다."[193] **목적 없는 수단**은 우리를 **생산으로서의 유위**有爲로부터 해방한다. 오직 관조적으로 바라보기를 통해서만 아름다움에 접근할 수 있다.

아름다움은 학문과 예술을 서로의 이웃으로 만든다. 예술은 신의 체현으로서의 아름다움을 드러낸다. 그리고 학문은 아름다움을 관조적으로 바라보는 활동이다. "(과거에 나는 예술과 학문이 만나는 지점을 이해하는 데 어려움을 겪었다. 지금 나는 예술과 학문이 갈라서는 지점을 이해하는 데 어려움을 겪는다.) 학문의 목적은 선험적 아름다움에 대한 탐구다."[194] 신의 체현으로서의 아름다움은 학문에 **신성함**을 부여한다. 그러므로 모든 학문은 결국 신학이라고 할 만하다. 학문은 우주의 신성한 질서를 연구한다. 신의 체현으로서의 아름다움은 학문을 **신령하게 승화한다**. 연구를 **기도**로 상승시킨다. 연구하기와 기도하기가 하나로 합쳐진다.

예술은 신이 바라보는 세계에 다가간다. 위대한 예술 작품에서 나오는 고요는 신의 침묵과 공명한다. "위대한 회화는 신이 한 방향에서, 한 관점에서 세계를 바라본다는 느낌을 일으킨다. 반면에 화가나 경탄하는 관람자가 있어서 이 같은 신과 세계의 대화를 방해한다는 느낌은 일으키지 않는다. 그래서 위대한 회화에는 고요가 있다. 신성함이나 그와 매우 비슷한 무언가가 없는 위대한 회화는 없다."[195] 참된 예술가는 단지 매개자일 따름이다. 그 매개자를 통해 신이 자신의 피조물을 특수한 관점에서 바라본다. 따라서 위대한 예술은 비개인적이다. "예술작품은 창작자가 있지만, 완전한 예술작품은 모종의 본질적인 익명성을 띤다. 완전한 예술작품은 신적인 예술의 익명성을 본받는다."[196]

위대한 예술작품은 인간화된 세계를 넘어선다. 일상에서 우리는 인간이 창조한 세계에 익숙해진다. 사물을 지각할 때, 그것을 사용하는 인간의 활동을 기준으로 삼아서 지각한다. 예술은 이 습관과 결별한다. 모리스 메를로퐁티는 세잔의 회화에 관하여 이렇게 말한다. "익숙함이 없는 세계, 불편함을 일으키는 세계, 모든 인간적인 느낌 표현을 거역하는 세계다. 세잔의 그림들을 한동안 관람하고 나서 다른 회화로 시선을 돌리면 곧바로 긴장이 풀린다. 장례를 마치면 곧바로 대화가 재개되어 죽음의 절대적인 새로움이 은폐되고 산 자들이 다시 각자 자신을 확인하게 되는 것과 유사하다."[197] 세잔은 인류가 설립한

것들 너머에서 신성한 질서를 발견한다. 그의 풍경화는 인간이 아니라 신에게 순종한다. 신과 신의 피조물 사이의 대화를 묘사한다. 화가는 물러나고, 신이 세계를 바라본다. 이 순종, 이 겸손이 예술을 **신령하게 승화한다**.

세잔은 자신의 정신적인 기본 태도는 순종이라고 거듭 밝힌다. 화가의 임무에 관하여 그는 이렇게 말한다. "그의 모든 의지는 침묵해야 한다. 그는 모든 선입견의 목소리를 잠재우고, 망각하고, 망각하고, 철저히 메아리가 되어야 한다. 그러면 그의 앞에 놓인 빛에 민감한 화판에 풍경 전체가 모사될 것이다."[198] 세잔은 사물들의 신적인 질서에 절대적으로 순종한다. 시몬 베유의 어법으로 말하면, 세잔은 **자신을 탈창조한다**. 그는 **없는 것**이 되고 **없는 자**가 된다. 그렇게 다름 아니라 탈창조를 통하여 그는 창조에 참여한다.

예술은 조형 곧 형태를 빚는 일을 당연히 포함하지만, 세잔이 경험하는 조형은 지배가 아니라 역시나 순종이다. "그것[풍경]을 화폭에 담기 위해서 […] 수작업이 이루어져야 하지만, 그 수작업은 경외심으로 가득 찬 수작업, 단지 순종하고 무의식적으로 전달하고자 하는 수작업이다."[199] 세잔에게도 천재는 주의의 천재다. 그는 겸손하게 경청하고 순종한다. 색과 물질의 논리를 따른다. "폭풍우. 색의 논리가 있고, 화가가 할 일은 그 논리에 순종하는 것뿐이다. 절대로 뇌의 논리에 순종하지 말아야 한다. 이 논리에 굴복하면, 화가는 망한다."[200]

그림을 그릴 때 세잔은 오로지 관조적으로 바라보기에 열중한다. 그는 스스로 풍경이 될 때까지 풍경을 바라본다. "우선 그는 지층들을 명확히 파악하려 애썼다. 그런 다음에 그 자리에 붙박여 바라보기만 했다. 세잔 부인의 말마따나, 눈이 몸에서 튀어나올 때까지 바라보았다. […] 내 안에서 풍경이 풍경 자신을 생각한다고, 나는 풍경의 의식이라고, 그는 말했다."[201] 머리에서 튀어나오는 눈은 영락없는 탈창조의 의미지. 그 눈은 철저히 나의 관여 없이, 권력과 상상을 담당하는 뇌의 논리를 벗어난 피안에서 바라본다. 시몬 베유의 어법으로 표현하면, **신이 화가의 눈으로 자신의 피조물을 바라본다.**

특히 주목할 만한 것은 물질의 아름다움에 대한 베유의 생각이다. 물질은 신에게 순종하기 때문에, 신의 뜻에 순응하기 때문에 아름답다. 물론 인간도 물질을 인간 자신의 목적에 순응하게 만든다. 그러나 물질의 이 같은 강요된 순응은, 신에게의 순종에 기반을 둔 자연의 아름다움에 절대로 도달하지 못한다. "들에 핀 백합, 일하지도 않고 길쌈하지도 않는 백합을 보라는 그리스도의 조언은 물질의 순종을 모범으로 삼으라는 뜻이다. 백합은 이 색이나 저 색을 띠기로 결심하지 않았다. 의지를 발휘하지도 않았고 이 목적을 위해 모종의 수단을 동원하지도 않았다. 백합은 자연의 필연이 가져다주는 모든 것을 수용했다. 그런 백합이 화려한 옷감보다 무한히 더 아름답게 느껴진다면, 이는 백합이 더 화려하기 때문이 아니라 순종하기 때문이다. 옷감도 순종하지만, 신에게가 아니라 인간에게 그리한다. 물질은 인간에게가 아니라 신에게 순종할 때만 아름답다."[202]

물질은 생명이 없지 않다. 단지 수동적이고 순종적일 따름이다. 우리는 물질의 수동성을 생명 없음과 혼동한다. "물질은 철저한 수동성이요 신의 의지에의 철저한 순종이다. 물질은 우리가 따를 완벽한 모범이다. 신에게 순종하는 것과 신 외에 다른 존재는 있을 수 없다. […] 세계의 아름다움에 깃든 날것의 필연은 사랑의 대상이다. 덧없이 출렁거리는 파도나 거의 영원한 산주름에 깃든 중력만큼 아름다운 것은 없다."[203] 순종하는 자는 중력의 필연성에서 최고의 아름다움을 발견한다. **우아함은 의지가 아니라 중력에서 나온다.**

자연의 아름다움 곧 자연미는 순종으로, 침묵으로 표출된다. 반대로 요란한 의지는 자연미를 파괴한다. 흥미롭게도 예술은 인간의 생산물임에도 불구하고 물질이 아름다움을 발산시키는 능력이 있다고 시몬 베유는 인정한다. "예술작품 속의 그것[물질]이 때때로 바다나 산이나 꽃 속의 물질과 거의 맞먹을 만큼 아름답게 느껴진다면, 이는 예술가가 신의 빛으로 가득 차 있었기 때문이다. 신의 빛이 배분됨 없이 제작된 인공물이 아름답다고 느끼려면, 그 인공물의 제작자 자신이 순종하는 물질인데 단지 이를 모를 따름이라는 점을 관람자가 온 영혼으로 파악해야 한다. 이 수준에 이른 사람에게는 여기 지상의 모든 것이 무조건 절대적으로 아름답다. 그런 사람은 모든 것에서, 모든 인공물에서 필연의 메커니즘을 알아보고 필연에서 순종의 무한한 달콤함을 맛본다. 신에게 순종하는 그런 사물들은 빛을 통과시키는 유리창과 같다. 우리가 이 순종을 우리의 존재 전체로 느끼는 순간, 우리는 곧바로 신을 본다."[204] 신의 빛으로 가득 찬 예술가는 물질처럼 신에게 순종한다. 침묵하는 순종은 예술의 아름다움 곧 예술미의 본질이기도 하다. 침묵하는 순종은 예술미와 자연미를 연결한다. 참된 예술작품 앞에서 유일하게 가능한 외침은 이것이다. **나는 아무것도 아니다. 나는 순종한다.**

"자연은 오직 침묵 속에서만 말하는데", 예술미는 "그 침묵의 모상이다".[205] "정신이 효용에 순응하는 것"이 곧 "소통"이라고 할 만한데, 예술미는 그런 소통을 기피한다. 디지털 소통은 특히 많은 소음을 일으킨다. 디지털 소통은 자연의 침묵으로부터, 순종하는 물질로부터 가장 멀리 떨어져 있다. 디지털화는 세계를 탈물질화한다. 디지털화는 인간의 의지를, 처분 권력을 순수한 형태로 구현한다. 디지털화된 세계는 완전히 인간화된 세계, 말하자면 우리가 우리 자신의 망막으로 덮어씌운 세계다. 그 세계는 신의 시선이 닿지 않도록 완벽하게 가려져 있다. 디지털 화면은 신의 빛을 통과시키는 저 투명한 유리창과 정반대다. **디지털 세계에서 인간은 오직 인간 자신만을 마주한다.** 디지털 정언명령은 실재의 총체적 처분 가능화를 명령한다.

예술과 반대로 기술은 물질을 인간의 처분 권력에 예

속시키고 목적을 위한 한낱 수단으로 격하함으로써 물질의 아름다움을 파괴한다. 물질은 자원으로서 착취당한다. 하이데거가 기술의 본질로 본 "틀Ge-Stell"(또 다른 적절한 번역어는 "세우기"—옮긴이)은 순종과 정면으로 맞선다. 주문하기Be-stellen 또는 제작하기Her-stellen를 향한 인간의 의지가 "틀"로서의 기술을 지배한다. **순종하는** 능력도 갖춘 기술, 관조와 성찰Besinnung을 동반한 기술이 가능한지 숙고하는 것은 흥미로운 일이다. 한 가지 가능성은 **기술 자체를 신령하게 승화하는** 것이다. "틀"로서의 기술은 고요를 말소하지만 **신령하게 승화된 기술**은 **고요를 들을 수 있**을 터이다. 하이데거는 기술의 한복판에서 고요를 듣는다. "우리는 기술의 본질에서 존재의 번개를 볼까? 고요로부터 고요 자체로서 나오는 번개를? 고요가 고요하게 한다Die Stille stillt."[206] 신령하게 승화된 기술은 **존재의 고요를 수용한다**. 오직 **성찰**만이 우리에게 **존재를 열어준다**. 모든 활동과 행위에 앞선 **존재**를, 모든 활동과 행위에 **앞서 하염없이 머무르는 존재**를, 순종을 명령하고 우리를 **고요하게 하는 존재**를 말이다.

아픔

시간에서 영원에 도달하려면 반드시 아픔이 필요하다.

– 시몬 베유

에른스트 윙거는 에세이 〈아픔에 관하여〉에서 이렇게 말문을 연다. "당신이 아픔을 어떻게 대하는지 알려주면, 나는 당신이 누구인지 말해주겠다!"[207] 베유가 아픔을 대하는 방식은 우리를 그녀 개인뿐 아니라 그녀의 사상에도 더 가까이 데려간다. 그녀는 호모 돌로리스homo doloris, 곧 슬퍼하는 인간이다. 아픔은 "가장 깊은 내면뿐 아니라 세계도 여는" "열쇠"[208]라는 에른스트 윙거의 견해를 접했다면, 베유는 전적으로 동의했을 것이다.

아픔은 실재와 몸이 내밀한 관계를 맺게 함으로써 우리에게 실재를 열어준다. 아픔이 없으면 실재는 없다. 아픔이 없으면 **현존**(여기 있음)은 없다. "세계의 존재에 대한 증언으로서의 아픔."[209] 우리는 무엇보다도 실재의 저항에 직면할 때, 아픔을 일으키는 그 저항에 직면할 때 실재를 지각한다. 그렇게 실재는 아픔을 통해 몸 안으로 들어온다. 오늘날처럼 모든 것이 풀어 헤쳐져 쾌적하고 편안하게 되는 시대에는 아무것도 **실재하지** 않는다. 아픔은 기쁨을 배제하지 않는다. 기쁨은 아픔의 뒷면이다. "실재는 단단하고 거칠다는 점이 특징이다. 거기에서 느껴지는 것은 기쁨이지, 쾌적함이 아니다. 모든 쾌적한 것은 몽상이다."[210] **아픔은 존재를 몸에 정박**碇泊**한다.** "도제가 다치거나 피로를 호소할 때, 노동자나 농부는 이런 멋진 말을 한다. '직업이 그의 몸속으로 파고드는 중이다.'"[211]

오직 아픔을 통해서만 세계에, 아름다움에, 또 사랑에 도달할 수 있다. 세계의 아름다움은 아픔을 통하여 몸속으로 파고든다. 아픔이 없으면 우리는 세계를 상실하고 존재를 망각하게 된다. 실재는 아픔을 매개로 우리에게 자신을 알리고 우리의 장부에 자신을 등록한다. "우리가 아픔을 겪을 때면 언제나 다음과 같이 진실을 말해도 된다. 우리 몸속으로 파고드는 것은 우주, 세계 질서, 세계의 아름다움, 신 앞에서 피조물의 순종이다. 이 선물을 우리에게 주는 사랑에 더없이 상냥하게 감사해야 하지 않겠는가."[212]

바로 불행과 아픔의 부정성이 우리의 의지를 꺾고 순종을 가르친다. 그 부정성이 물질을 특징짓는 수동성을 우리에게 전수한다. "신의 창조는 좋다는 점을 우리가 이해할 수 있게 해주는 것이야말로 불행의 사명이다. 우리 주위의 상황이 우리의 삶을 반쯤은 온전히 놔둘 때, 즉 반쯤만 침해할 때, 우리는 우리의 의지가 세계를 창조했고 지배한다고 어느 정도 믿는다. 그러나 불행은 그것이 진실이 아님을 별안간 일깨워 우리를 경악하게 한다. 그때 우리가 불행을 찬양한다면, 신의 창조를 정말로 찬양하는 것이다."[213] 부정성이 없으면 아름다움도 빛이 바랜다. 부정성은 아름다움에 생기를 주는 원리다. "이 쓰라림은 아름다움을 느끼는 것을 방해하지 않는다. 이 쓰라림은 이 아름다움을 느낄 수 있기 위한 전제다."[214]

시몬 베유는 아픔으로서의 십자가를 **아픔의 변증법**에 기초하여 해석한다. 아픔을 겪는 과정에는 항상 **변증법적**

지점이 있다. 즉, 극심한 아픔의 한복판에서 더 높은 실재가 드러나는 전환점이 있다. "아픔과 소진消盡이 저 지점에 도달하여 영혼 안에서 끝이 없다는 느낌이 일어나고, 당사자가 이 끝없음을 사랑으로 바라보고 받아들이면, 그는 아픔과 소진에서 벗어나 영원에 이른다."[215] 상승은 하강을 전제한다. 아픔에서 양력이 나온다. "양팔 저울로서의, 지렛대로서의 십자가. 하강, 상승의 전제조건. 지상으로 하강하는 천국이 지상을 천국으로 들어 올린다. 지렛대. 오르려거든 내려가라."[216]

시몬 베유는 아픔을 "신적인 기술의 기적"[217]이라고 칭한다. 이 기적을 통하여, 맹목적 메커니즘이 지배하는 세계의 한없이 차가운 날것의 힘이 유한한 존재의 영혼 안으로 들어온다. 에세이 〈불행과 신의 사랑Das Unglück und die Gottesliebe〉에서 그녀는 불행을 영혼의 가장 깊은 중심에 갖다 댄 못에 비유한다. 못대가리를 힘껏 때리면, 충격이 뾰족한 끝으로 전달돼 영혼에 구멍이 난다. 베유가 말하는 **아픔의 변증법**의 핵심은 이 구멍이 신에게 도달하는 **통로**로 밝혀지는 것이다. 극심한 아픔으로서의 불행은 영혼과 신을 갈라놓는 장벽에 구멍을 낸다. 신을 향한 사랑은 아픔과 불행의 절대적 부정성 앞에서 비로소 깨어난다. 부정성이 없으면 신을 향한 상승도 없다.

시몬 베유는 아름다움도 아픔에 기초하여 이해한다. "시 쓰기: **불가능한** 아픔과 기쁨. 애끓는 그리움. […] 너무나 순수하고 깨끗해서 아픈 기쁨. 너무나 순수하고 깨끗해서 마음을 가라앉히는 아픔."[218] 기쁨은 아픔을, 아픔은 기쁨을 일으킨다. 강렬한 아픔뿐 아니라 강렬한 기쁨도 자아를 지워버린다. "완전한 기쁨은 기쁘다는 느낌을 허용하지 않는다. 왜냐하면 영혼이 한 대상으로 가득 차면 '나'라고 말하기 위한 최소한의 공간마저도 가용하지 않게 되기 때문이다."[219] "충만한 기쁨" 속에는 "자아가 없다". 기쁨은 "자아가 아닌 것을 마주한 의식"이다. 기쁨은 **자아의 타자**를 드러낸다. 자아는 모든 **집약적 경험**을 막는다. 자아가 몹시 강해지면, 오직 **소비로서의 체험**만 가능하게 된다. 아픔은 **경험의 매질로서의 부정성**이다.

아픔과 아름다움은 긴밀히 얽혀 있다. "아픔과 아름다움의 근친성. 나의 두통이 절정에 이른 다음에 찾아오는 시 쓰기 욕구."[220] 아름다움뿐 아니라 선함도 아픔을 거쳐 영혼에 도달한다. 자비의 윤리는 우리가 타인의 고난을 마주할 때 느끼는 아픔에 기초를 둔다. **아픔은 선함을**

몸에 정박한다. 아픔은 타인의 윤리의 **구현**이다. "구원에 동참하기에 충분할 만큼 순수한 존재는 신체적 아픔을 곧장, 단박에 자비로 느낀다. 연민이 살을 찢는다. 혹은 도리어 살의 찢어짐이 일으키는 유일한 결과는 영혼이 연민으로 가득 차는 것이다."[221] 아픔이 없으면 타인에게 무관심해진다. 아픔을 느낄 줄 모르면 결국 공감하는 능력을 잃게 된다.

오직 아픔만이 물질의 특징인 순종을 우리에게 가르친다. **아픔이 없으면 자아가 가차 없이 고개를 쳐든다**. 아픔은 **영혼을 물질화한다**. 영혼을 **물질의 근원적 수동성**에 처하게 한다. "항해술을 책으로 배우는 것만으로는 선장이 되기에 충분하지 않은 것과 마찬가지로, 기쁨만으로는 우리가 신의 친구가 되기에 충분하지 않다. 모든 배움에 몸이 관여한다. 신체적인 느낌의 영역에서 유일하게 아픔만이 세계 질서의 기반인 필연과의 접촉을 성사시킨다. 쾌락은 필연의 느낌을 포함하지 않는다. […] 언젠가 우리 존재의 모든 부분이 물질의 실체인 이 순종을 온전히 느끼려면, 우주를 신의 말소리로 들을 수 있게 해주는 이 새로운 감각이 우리 안에 형성되려면, 아픔의 변화시키는 힘과 기쁨의 변화시키는 힘이 둘 다 동등하게 필수적이

다." 222

  아픔에 관한 베유의 생각들은 우리에게 낯설게 다가온다. 오늘날 우리는 아픔에 거의 적대적이거나 아픔을 느낄 줄 모른다. 우리는 모든 형태의 아픔을 배척한다. 고통 공포증이 사회를 지배한다. 심지어 사랑조차도 아프지 않아야 한다. 미술과 음악도 비위를 맞추려는 강박에 빠졌다. 모든 것이 소비 및 체험 포맷으로 **매끄럽게 가공된다**. 강렬함은 아픔을 일으키기 때문에 모조리 기피된다. 좋아요가 **현재의 진통제**로서 소셜미디어뿐 아니라 문화의 모든 영역을 지배한다. 아무것도 아프면 안 된다. 그리하여 삶 자체가 소비에 적합한 형태를 띠고 모든 깊이를, 모든 응축된 강렬함을 상실한다. 소비와 종교는 양립할 수 없다. 고통 공포증은 신에게 다가가는 길을 봉쇄한다.

  지금 우리의 좌우명은 **웰빙**이다. 세계는 안락하고 쾌적한 곳이어야 한다. 그리고 우리는 행복을 가져다주는 장치들을 숭배한다. 아픔은 어떤 대가를 치르더라도 피해야 할 불행이다. 이 같은 아픔에 적대적인 **진통사회**는 헉슬리의 〈멋진 신세계〉를 닮았다. 그 신세계에서 아픔은 절대적인 금기다. 모든 욕구는 즉시 충족되어야 한다. 어떤 기다림도 아픔을 유발하면 안 된다. 소비와 쾌락이 사람들을 마취한다. 행복 강제가 삶을 지배한다. 국가는 주민의 행복감을 향상하기 위해 소마라는 약을 배급한다. 일찍이 니체는 이런 **중독사회**를 예견했다. 〈차라투스트라는 이렇게 말했다〉에서 그는 이렇게 쓴다. "가끔 소량의 독약. 쾌적한 꿈. 마지막엔 다량의 독약. 쾌적한 죽음. […] 자잘한 낮의 쾌락과 밤의 쾌락이 있지. 하지만 사람들은 건강을 숭배한다. '우리가 행복을 발명했어'라고 마지막 인간들은 말하며 윙크한다."[223] **고통 공포증**이 만연한 **진통사회**에서는 행복 자체도 희석되고 매끄럽게 가공되어 웰빙이 된다. 깊은 행복은 **깨져야만** 가능하다. 이 **깨짐**은 아픔의 부정성에 의해 발생한다. 그러나 오늘날의 **매끄러움 문화**는 어떤 형태의 **깨짐**도 신뢰하지 않는다.

우리는 모든 형태의 부정성을 제거하려 드는 긍정성의 사회에서 산다. 이른바 "긍정 심리학"은 아픔과 고난을 다루지 않는다. 이 심리학이 자임하는 과제는 오로지 행복과 안녕을 최대화하는 것이다. 디지털도 모든 것을 움켜쥐고 소비할 수 있게 만듦으로써 **처분 불가능성**을 근절한다. 디지털화는 **타인의 저항**을 줄이고 아픔을 일으킬 만한 **맞수**를 점점 더 사라지게 만든다. 끊임없는 **좋아요**는 결국 영혼과 정신을 마비시킨다. **디지털화는 마취다**. 그러나 본질적인 것은 **아픔 속에서 태어난다**. 아픔은 또한 **새로움의 산파다**. 아픔이 없으면, 우리는 **같음의 지옥**에 갇힌다.

시몬 베유는 공장, 교육기관, 치료기관으로 대표되는 규율사회에서 살았다. 그 세계에서 아픔은 규율을 익히게 한다는 점에서 여전히 중요한 생산 요소였다. 반면에 우리는 신자유주의적 성과사회에서 산다. 여기에는 아픔이 들어설 자리가 아예 없다. 아픔이 아니라 행복과 안녕이 성과를 내는 능력을 향상해야 한다.

아픔은 "육체가 된 진실"이다. 이별이 아프다는 것은 과거의 결합이 진실했다는 증거다. 반면에 구애받지 않음과 부담 없음은 아프지 않다. "아픔이라는 아리아드네의 실"에서 "삶의 질서의 짜임새"[224]가 드러난다. 삶의 질서는 아픔의 질서다. 아픔은 "생명 현상들 가운데 진짜와 가짜를 갈라놓는 장치다." 오로지 아픔 덕분에 우리는 진실과 거짓을 구별할 수 있다. 아픔이 없으면 우리는 총체적인 **무관심**에 빠진다. 오늘날 우리는 **생기를 불어넣고 날개를 달아주는 아픔의 힘**을 더는 알아채지 못한다.

오늘날 아픔은 세계를 여는 힘을 상실해간다. 아픔은 의료화되고 치료의 대상이 되어 말을 빼앗기고 마법을 빼앗긴다. 남는 것은 말 못 하는 만성 통증, 모든 말과 영감을 박탈당한 아픔, 단지 무찔러야 할 따름인 아픔이다. 깨달음과 영감을 주는 아픔, 발터 벤야민의 말마따나 "배를 띄울 수 있는, 영영 마르지 않는 강", "인간을 바다로 이끄는"[225] 강이라고 할 만한 아픔은 이제 없어졌다.

무위

머리, 심장, 팔다리가 완전히 침묵할 때까지 침착하게 기다려야 한다.

- 로베르트 무질

문명 비판에 관하여 시몬 베유는 이렇게 말한다. "우리 문명에 대한 점검 혹은 비판이란 과연 무엇일까? 인간은 어떤 올가미에 걸려 스스로 만들어낸 것들의 노예가 되었는지 통찰하려는 노력이다. […] 원시적인 삶으로 도피하는 것은 게으른 해법이다. 정신과 세계의 근원적 동맹을 우리가 사는 문명의 한복판에서 복원해야 한다."[226] 인간이 스스로 만들어낸 것의 노예가 된다는 것이 무슨 의미인지 명확히 보여주기 위해 베유는 인간과 기계의 관계를 분석한다. 〈공장 일기〉에서 그녀는 이렇게 쓴다. "이 노예제를 이루는 두 가지 요소는 속도와 명령이다. **속도**: '만들어내기' 위해서는 생각하기보다 더 빠르며 생각하기뿐 아니라 꿈꾸기도 금지하는 리듬에 맞춰 모든 동작을 반복해야 한다. 기계 앞에 서면 날마다 여덟 시간 동안 자신의 영혼에, 자신의 생각과 감각과 모든 것에 재갈을 물려야 한다. 화가 치밀거나 슬프거나 진저리가 나면 '꿀꺽 삼켜야 한다'. 즉, 억눌러야 한다. 화나 슬픔, 진저리는 노동 속도를 늦출 테니까 말이다. 심지어 기쁨마저도 억눌러야 한다. **명령**: 출근하는 순간부터 퇴근하는 순간까지 매 순간 모종의 명령이 내려질 수 있는데, 항상 그 명령에 군말 없이 복종해야 한다."[227]

지금 우리가 사는 세계는 명령과 복종이 지배하는 규율사회가 아니다. 산업자본주의 지배 형태로서의 규율체제는 기계적 형태를 띤다. 규율 권력은 몸속으로 침투하여 "모양 없는 반죽"을 "기계"[228]로 만든다. 그 권력은 "잘 배우는 몸"을, "예속당하고 착취당할 수 있는 몸, 변형되고 개량될 수 있는 몸"[229]을 만들어낸다. 인간은 기계적인 **노동 가축**으로 길들여진다.

규율사회에서는 주인과 노예가 아직 명확히 구별된다. 시몬 베유는 이렇게 쓴다. "어떤 사람의 행위와 그 결과 사이에, 노력과 성과 사이에 타인의 의지가 끼어든다면, 그 사람은 노예다. […] 노예라는 것은 타인의 의지에 종속되어 있다는 것이다. 그런데 이것은 모든 인간의 운명이다. 노예는 주인에게, 주인은 노예에게 종속된다."[230] 우리는 이제 규율사회에서 살지 않게 되었다. 규율 체제는 신자유주의 체제에 자리를 내주고 물러난다. 후자를 특징짓는 것은 명령과 복종이 아니다. 신자유주의 체제는 자유 자체를 착취한다. 신자유주의 성과사회에서는 노예와 주인이 하나로 합쳐진다. 노예는 외견상으로만 해방되어 주인이 된다. 무슨 말이냐면, 자기를 부리는 사업가가 된다. 이제 자신은 타인의 의지에 예속되어 있지 않으며 자유롭고 진실하고 창조적이라고 그는 믿는다. 그러나 실제로 그는 **자기 자신의 노예**다. 카프카적인 동물인 그는 자유롭기 위해 주인에게서 채찍을 빼앗아 스스로 자신을 채찍질한다. 우리는 우리 자신을 실현한다고 믿으면서 우리 자신을 착취한다. 자유 착취 곧 자기 착취는 명령과 억압을 통한 타인 착취보다 더 효율적이다.

인간이 스스로 만들어낸 것의 노예가 되는 상황은 생

활세계의 디지털화에서도 벌어진다. 디지털 올가미는 시몬 베유가 자신을 옭아맨다고 느꼈던 저 기계적 올가미보다 더 강력하다. 디지털화는 우리에게 더 많은 자유를 약속하지만 결국 파놉티콘 감옥을 만들어낸다. 우리는 데이터 뭉치로, 감시당하고 조종당하는 데이터 가축으로 전락한다. 우리는 디지털 콘텐츠에 의존하게 된다. 우리의 주의를 산산이 깨부수는 자극에 중독된다. 결국 종착점은 **중독사회**다. 자유는 검색에 밀려난다. 우리는 자유롭다고 스스로 믿지만 실은 한 중독에서 다른 중독으로, 한 의존에서 다른 의존으로 휘청거리며 옮겨간다.

침묵을 강제하는 규율사회와 반대로, 신자유주의 정보체제는 소통을 강제한다. 소통은 매우 효과적인 통제 및 조종 수단으로 판명된다. 그리고 디지털 소통에 내재하는 가속 강제는 생각뿐 아니라 주의도 파괴한다. 이런 점에서 스마트폰을 비롯한 디지털 장치들은 시몬 베유가 보기에 생각하기뿐 아니라 꿈꾸기도 금지하는 저 기계들을 닮았다. 알고리즘은 자유의지보다 **더 빠르다는** 점에서 자유의지를 위태롭게 만든다. **알고리즘이 자유의지를 앞지른다**. 그리하여 자유가 통제로 뒤집힌다.

신자유주의 체제는 명령과 금지를 통해 작동하지 않는다. 그 체제의 특징은 허용성許容性이다. 그 체제의 지배력은 강제가 아니라 **좋아요**에 기반을 둔다. 신자유주의 체제의 지배력은 억압하지 않고 꾀어낸다. 예컨대 노동은 강제성에서 벗어나 게임화한다. 그렇게 노동이 중독을 이용한다. 소셜미디어도 **좋아요**나 **팔로워**가 주는 흐뭇함의 논리에 따라 게임 모드에 예속된다.

감정은 시몬 배유의 말마따나 "노동 속도를 늦추기" 때문에 규율사회에서는 억압당했지만 신자유주의 체제에서는 역시나 자원으로서 착취된다. 감정은 생산 과정을 위해서만 중요한 것이 아니다. 소비와 관련해서도 감정은 점점 더 중요해진다. 왜냐하면 오늘날 우리는 무엇보다도 감정을, 서사를 탑재한 상품이 일으키는 감정을 소비하기 때문이다. **스토리셀링**storyselling으로서의 스토리텔링storytelling이 궁극적으로 내놓는 매물은 감정이다. 그리하여 순수한 사용가치는 점점 더 뒷전으로 밀려난다.

우리는 디지털 우리Gehege 안에서 산다. 그 우리는 우리를 정보 가축, 소통 가축, 소비 가축으로 변신시킨다. 소비와 소통의 내재는 우리를 모든 초월과 결별하게 한다. 소비는 신을 불필요한 잉여로 만든다. 성과 강박과 창의創意 산업은 우리를 눈멀게 하여 창조의 아름다움을 보지 못하게 만든다. 가축은 반란을 일으키지 않는다는 점에서 노예와 다르다. 가축은 우리 안에서 봉기하지 않으며 우리를 떠나지도 않는다. 왜냐하면 가축은 우리 안에만 먹이가 있기 때문이다. **우리로서의 세계**는 혁명을 허용하지 않는다.

시몬 베유는 정신과 세계 사이의 잘못된 관계를 "뒤집힘Verkehrung"이라는 말로 표현한다. 우리는 "뒤집혔다". 따라서 시몬 베유는 "역전逆轉, Umkehr"을, "회심Bekehrung"[231]을 촉구한다. 세계와 정신의 근원적 동맹은 어느 정도까지 해체되고 있을까? 정신을 질식시키는 것은 "양量의 무게"다. "정신이 양의 무게에 굴복하면, 효율(l'efficacité)만이 유일한 기준으로 남는다."[232] 자본과 빅데이터는 둘 다 순수한 양이다('디지털'에 해당하는 프랑스어 표현은 '수'를 뜻하는 numéro에서 파생한 형용사 numérique다). 둘 다 세계를 오직 효용과 효율을 중심으로 지각하게 만든다. 자본과 빅데이터는 정신을 오로지 세고zählen 계산하기만 하는 한낱 지능으로 격하한다. 정신은 순수한 양과 수를 멀리한다. 정신은 이야기한다erzählen. 인공지능은 셀

수만 있을 뿐, 이야기할 수 없다. 생각하기는 곧 이야기하기다. 인공지능은 오직 양만 관할한다. 그 덕분에 인공지능은 점점 더 빨라질 수 있다. 반면에 정신은 머뭇거리고 기다린다. 정신은 수줍어하며 물러날 수도 있고 별안간 무언가에 홀릴 수도 있다. 인공지능은 수줍음, 열망, 홀림을 전혀 모른다. "오직 머뭇거리는 앎만이 가치가 있다. 컴퓨터에게 가장 부족한 것이 바로 머뭇거림이다."[233]

순수한 양이 삶을 점점 더 많이 지배한다. 삶을 수량화할 수 있다는 믿음은 "Quantified Self(자기 측정)"(기술적 장치들로 자신의 건강과 일상을 측정, 기록, 분석하는 것을 옹호하고 실천하는 운동, 혹은 그 운동에 참여하는 사람들의 공동체―옮긴이)의 기반이기도 하다. 몸에 센서들이 장착되고, 그것들을 통해 신체 기능이 끊임없이 측정되고 운동 기록이 작성된다. 감정 상태와 일상적인 활동도 꼼꼼히 기록된다. 그렇게 자기를 수량화함으로써 신체 및 정신의 성능을 최적화한다고 한다.

디지털화가 진행되는 가운데 세계는 우리에게 **말을 걸어오고 닥쳐오는 물질적―신체적 여기 있음**을 상실해간다. 양 Quantum은 우리를 **건드리지** 않는다. 세계는 해체되어 데

이터와 정보가 된다. 그리하여 **여기 있음 경험**은 거의 불가능해진다. 신 경험은 궁극적으로 일종의 집약적인 **여기 있음 경험**이다. 이미 시몬 베유는 몸과 세계 사이에 공명이 없는 상황을 개탄했다. "몸의 생명 리듬을 세계의 리듬에 참여시키기, 이 참여를 늘 느끼기, 또 인간이 세계 안에서 살아가기 위해 의지하는 지속적인 물질 교환을 느끼기."[234]

우주는 죽은 양이 아니다. 오히려 살아 있으며 정신적인 무언가다. 시몬 베유는 일종의 **범심론**에 다가간다. 모든 것이 살아 있고 영혼을 지녔다. 우주가 정신적이지 않다면, 인간의 정신이 우주와 관계 맺는 것은 불가능하다. "인간의 정신이 정신적인 것을 마주하지 않고 달리 무엇을 마주한다는 말인가. […] 인간 정신의 대상은 […] 정신이다. 지식인의 목표는 자신의 정신을 온 세계에 새겨진 신비로운 지혜와 통일하는 것이다. 그렇다면 학문의 정신과 종교의 정신 사이에 어떻게 맞섬이, 심지어 결별이 있을 수 있겠는가? 학문적 탐구는 종교적 관조의 한 형태일 따름이다."[235]

아름다움은 모든 형태의 효율과 효용을 기피한다. 아

름다움은 **양 없는 질**이다. 무엇보다도, 우리가 그 곁에 **하염없이 머무를** 수 있는 그런 무언가다. 오직 관조적 무위만이, 아무것도 목적에 종속시키지 않으며 **노동하거나 생산하지** 않는 무위만이 아름다움으로서의 세계로 통하는 길을 연다. "이 세계의 좋은 것들은 꽃과 같다. 사람들이 꺾지 않아야만 그것들의 향기와 아름다움이 보존된다."[236] 세계를 인간적 목적에 종속시키는 대신에 세계에 관조적으로 다가가는 태도는 오늘날 과거 어느 때보다 더 중요하다. **바라보기**야말로, 하염없이 머무르는 관조적 주의야말로 정신과 세계 사이의 파괴된 동맹을 재건하기 위한 열쇠다.

시몬 베유는 간결하게 말한다. "돈, 기계화, 대수학. 현대 문명의 세 괴물."[237] 이 괴물들은 순수한 양이다. 높이와 깊이는 깡그리 근절된다. 그리하여 같음의 지옥이 도래한다. "대수학과 돈의 유사성. 양쪽 다 같게 만들기를 한다. 돈과 대수학의 세계에서 수직 거리는 표현되지 않는다."[238] 베유가 말하는 돈, 기계화, 대수학을 현재에 맞게 갱신할 필요가 있다. 현재 문명의 세 괴물은 **자본, 디지털화, 인공지능**이다. 이 괴물들은 인간을, 정신을 양과 효율의 노예로 격하한다. 우리는 또다시 스스로 만들어낸 것의 노예가 된다.

시몬 베유라면 우리가 모두 우상 숭배자라고 말할 법하다. 우리가 열망하고 숭배하는 좋음은 순수한 양量이라는 우상이다. "어떤 인간이든지 자기 바깥에 좋음이 있다고 상상하면서 요청하는 마음으로, 간청과 희망으로 들떠 생각을 그 좋음에 집중하기 마련이다. 그러므로 선택지는 참된 신을 숭배하기와 우상을 숭배하기, 그렇게 둘뿐이다."[239] 인간에게서 정신을 앗아가는, 순수한 양의 지배는 세계를 외설스럽게 만든다. 식물의 과도한 번성과 다를 바 없는 순수한 성장을 총체화한다. 방향 곧 의미를 홀딱 벗어던진 과도過度 활동, 과도 생산, 과도 소통, 과도 가속은 외설스럽다. 우리는 외설스러워지고 도를 넘는다. "근대적인 삶을 지배하는 것은 과도함이다. 모든 것이 과도하다. 행위와 생각, 공적인 삶과 사적인 삶이 모두 과도하다. 그리하여 예술이 몰락한다. […] 마비에 이를 정도의 피로 […] 이제 균형은 어디에도 없다."[240]

시몬 베유는 과도함에 **형식**을 맞세운다. 형식의 핵심은 제한이다. 베유는 근대적인 삶의 과도함을 개탄한 다음에 흥미롭게도 가톨릭 예식들의 중요성을 강조한다. "어디에서나 균형이 사라졌다. 가톨릭 운동은 부분적으로 이에 맞선 대응이다. 적어도 가톨릭교회의 예식들은 온전히 남아 있다."[241] 리추얼과 예식은 척도Maß의 구현이며, 척도는 영혼에 형식을 부여한다. 더 나아가 리추얼과 예식은 반복되므로 효율 및 양과 아무런 관계가 없다. 리추얼과 예식은 **아무것도 생산하지 않는다**.

종교적 예식은 "별들의 질서와 똑같이 확고한" 신성한 질서를, 우리가 수동적으로 겸손하게 침묵하며 귀담아듣고 순종해야 하는 그 질서를 모방한다. "예식은 세계의 질서와 사물들의 침묵의 모방이다."[242] 예식 중에 사물들은 **침묵한다**. 목적으로부터, 생산의 경제로부터 해방된다. 말하자면, **무위한다**. 시몬 베유는 예식의 아름다움을 근거로 삼아 예식을 예술 곁에 놓는다. "예식의 아름다움. 미사. 미사와 지성은 접점이 없다. 왜냐하면 지성은 미사의 의미를 파악하지 못하기 때문이다. 미사는 완벽하게 아름다우며, 그 아름다움은 감각적이다. 왜냐하면 예식과 상징은 감각으로 지각할 수 있는 것들이기 때문이다. 이것들의 아름다움은 예술작품의 아름다움과 같은 유형이다."[243] 지성은 궁극적으로 지능과 마찬가지로 오직 양만 파악한다. 지성은 아름다움을 느끼는 센서를 보유하고 있지 않다. 이런 점에서 지성은 정신과 다르다.

 리추얼과 예식은 이야기다. 즉, 의미를 창조하는 관행으로서, 너무나 불안정하고 연약하고 덧없는 인간의 삶에 안정적인 형식, 구조를 만들어내는 질서, 확고한 발판을 제공한다. 의미 구조물로서의 리추얼과 예식 덕분에 우리는 **집 안에서 살** 수 있다. 리추얼과 예식은 우리가 그 안에서 살 수 있는 **서사적 공간**을 형성한다. 다음과 같은 시몬 베유의 말은 아주 많은 지혜를 담고 있다. "인간의 삶의 목적은 영혼 안에 건물을 마련하는 것이다."[244] 오늘날 영혼은 소통과 정보의 신속한 흐름에 휩쓸려 길을 잃는다. 그 흐름이 **안정적인 건물을 짓지** 못하게 막는다. 그리하여 영혼은 발판을, 세계와의 관계를 깡그리 상실한다. **세계를 건축하지** 못하는 채로 영혼은 심한 우울증에 빠진다.

 심화하는 개인화와 고립이 우리를 세계와 타인으로부터 떼어놓는다. religare로서의 종교Religion는 잡아매거나, 묶거나, 결합하는 것을 뜻한다. 종교적 예식의 기반은 우리를 우주와 결합하는 상징적 질서다. 또한 종교적 예식에서 우리는 사람들을 뭉치는 응집력을 얻는다. 종교적 예식은 **공동체**를 조성한다. "예식: 나는 온 우주이지만 그럼에도 한 부분이다. 타인들도 부분들이다. 내가 있는 것과 마찬가지로 그들도 있다. 더하지도 덜하지도 않게."[245]

정신이 초월을 거처로 삼지 않으면, 정신은 침묵하고 마비된다. 오늘날 우리는 의미를 상실한 생산, 소비, 소통의 내재에 빠져 헤어나지 못한다. 인간이 노동과 성과의 노예가 된다. 시몬 베유는 노동의 시화詩化, Poetisierung를 생각한다. "영원의 빛이 없는 노동, 시와 종교가 없는 노동은 노예 짓이다."[246] 노동의 행보와 수단은 의미를 창출하여 우리를 더 높은 실재로 이끄는, 유혹하는 상징이어야 한다. 노동의 시화는 노동에 리추얼과 상징의 옷을 입힌다. 오로지 이를 통해서만 **순수한 생산의 외설성**을 극복할 수 있다. "그들[공장노동자들]의 삶 전체에 차고 넘쳐야 하는 초자연적인 시는 때때로 찾아오는 찬란한 축제들에 순수한 형태로 집약되어야 한다."[247] 노동을 상징이 담긴 행위로 바꿀 필요가 있다. 이를테면 "열네 살짜리 어린 농부가 처음으로 혼자 밭을 갈러 가는 위대한 날의 전야에" 축제를 열 필요가 있다. 축제는 노동에 영적인 신성함을 부여한다. 어린 농부는 신을 위해 밭을 간다. 그의 밭갈이는 기도와 같다. "그것[축제]들의 도움으로 남녀 민중은 초자연적 시가 […] 차고 넘치는 분위기 안에서 살게 된다."[248] 요컨대 관건은 노동에 관조적, 영적 성격을 부여하는 것, "완전한 기도와 다를 바 없는 완전한 주의의 경지"[249]로 노동을 끌어올리는 것이다. 초월적인 시가 노동을, 삶을 총체적 무의미로부터, 순수한 양의 지배로부터 구원한다.

순수한 생산, 성과, 효율의 경제는 노동을 **탈신성화하고 탈마법화한다**. 노동이 노동 자신을 벗어나 더 높은 실재와 관계 맺게 해주는 노동의 상징적, 시적 상승을 가로막는다. 그 경제는 시와 맞선다. **아름다움**은 육체노동마저도 시화한다. "육체노동은 세계의 아름다움과의 특별한 접촉이며 최고의 순간에는, 어디에서도 그만 한 가치를 가진 것을 발견할 수 없을 정도로 충만한 접촉이다."[250]

시몬 베유는 무위란 무엇인지 최소한 어렴풋이 감지했다. 그녀는 "목표 지향성 없는 노력"[251]이나 "행위하지 않는 행위"[252]를 언급한다. **시화된** 노동, **신령하게 승화된** 노동은 무위에 접근한다. 오직 **목적 없는 행위**만이, **위하여 없는 행위**만이 시적이다. 무위는 아무것도 생산하지 않는다. 무위는 성과와 효율을 기피한다. 양과 무위는 서로에게 낯설다. **관조적 고요**를 중심에 품지 않은 활동은 어떤 것이든지 노예 짓과 다름없다. **고요가 인간의 삶을 신령하게 승화한다.** 고요가 유위를 **고요하게 하여** 무위로 바꾼다.

주

시몬 베유 저작 약어

SG: Schwerkraft und Gnade(중력과 은총), Berlin 2020.《중력과 은총》(윤진 역, 문학과지성사, 2021)

UG: Das Unglück und die Gottesliebe(불행과 신의 사랑), Berlin 2024. 《신을 기다리며》(이세진 역, 이제이북스, 2015 / 이창실 역, 복있는사람, 2025)

Cahiers: Aufzeichnungen(비망록), München 1996.

1   UG, 84면.
2   UG, 85면.
3   Simone Weil, Zeugnis für das Gute(선의 증거), Olten 1976, 261면.
4   같은 곳.
5   Cahiers 3, 87면.
6   SG, 56면.
7   SG, 7면.
8   Cahiers 2, 43면.
9   SG, 132면.
10 Cahiers 3, 206면.
11 Cahiers 4, 132면.
12 Cahiers 3, 221면.
13 Cahiers 3, 226면.
14 SG, 120면.

15 SG, 32면.
16 Cahiers 3, 306면.
17 Martin Heidegger, Hölderlins Hymne "Andenken"(횔덜린의 찬가 〈회상〉), 전집 52권, Frankfurt am Main 1982, 128면.
18 같은 곳, 171면.
19 Cahiers 2, 43면.
20 SG, 139면.
21 Cahiers 2, 205면.
22 Cahiers 1, 332면.
23 UG, 96면.
24 Cahiers 3, 187면.
25 UG, 95면.
26 UG, 97면 이하, 강조는 필자.
27 UG, 97면 이하, 강조는 필자.
28 Franz Kafka, Nachgelassene Schriften und Fragmente II(유고 2), Frankfurt am Main 1992, 63면.
29 UG, 235면.
30 같은 곳.
31 UG, 97면.
32 UG, 232면 이하.
33 UG, 232면.
34 UG, 234면.
35 UG, 236면.
36 UG, 234면.
37 UG, 233면.
38 UG, 234면.
39 SG, 148면.
40 Giorgio Agamben, Profanierungen, Frankfurt am Main 2005, 71면 이하. 《세속화 예찬》(김상운 역, 난장, 2010)
41 SG, 147면 이하.
42 SG, 127면.

43 UG, 87면.
44 SG, 145면.
45 Cahiers 3, 206면.
46 UG, 97면.
47 UG, 101면.
48 UG, 231면.
49 〈민수기〉 21장.
50 UG, 231면.
51 UG, 239면.
52 UG, 257면.
53 Cahiers 4, 12면.
54 Jean-Paul Sartre, Das Sein und das Nichts. Versuch einer phanomenologischen Ontologie, Hamburg 2007, 471면. 《존재와 무》(변광배 역, 민음사, 2024)
55 같은 책, 516면 이하.
56 Cahiers 3, 354면.
57 SG, 20면.
58 SG, 128면.
59 Cahiers 3, 79면.
60 Cahiers 3, 159면.
61 UG, 90면 이하.
62 Cahiers 2, 123면.
63 같은 곳.
64 Briefe Martin Heideggers an seine Frau Elfriede 1915-1970(마르틴 하이데거가 아내 엘프리데에게 1915-1970년에 보낸 편지), München 2005, 264면.
65 Cahiers 4, 76면.
66 Cahiers 4, 317면.
67 Cahiers 4, 90면.
68 Martin Heidegger, 전집 13권, Frankfurt am Main 1983, 30면.
69 Cahiers 4, 98면.

70　Platon, Symposion, 220c-d.《향연》(강철웅 역, 아카넷, 2020)
71　Paul Celan, Der Meridian. Endfassung – Entwurfe – Materialien(자오선. 최종본 – 초안들 – 자료), B. Boschenstein 등 편, Frankfurt am Main 1999, 9면 이하.
72　Emmanuel Lévinas, Totalität und Unendlichkeit. Freiburg/München. Versuch über Exteriorität. Freiburg/München 1987, 259면.《전체성과 무한》(김도형, 문성원, 손영창 역, 그린비, 2018)
73　같은 책, 197면.
74　UG, 171면 이하.
75　UG, 172면.
76　UG, 168면 이하, 강조는 필자.
77　Simone Weil/Joe Bousquet, Correspondance(주고받은 편지), Lausanne 1982, 18면.
78　Simone Weil, Zur generellen Abschaffung der politischen Parteien(일괄적인 정당 폐지에 관하여), Zürich/Berlin 2009, 14면.
79　같은 책, 18면.
80　같은 책, 23면 이하.
81　UG, 91면.
82　SG, 129면.
83　Michael P. A. Murphy, On Giorgio Agambens's Theoretical Debt to Simone Weil: Destituent Potential and Decreation, in: Simone Weil. Beyond Ideology?, S. Bourgault und J. Daigle 편, 83-102면 참조.
84　Giorgio Agamben, Bartleby oder die Kontingenz(바틀비 혹은 우연), Berlin 1998, 33면.
85　같은 책, 69면.
86　같은 책, 72면.
87　SG, 37면.
88　SG, 39면.
89　Cahiers 3, 152면.
90　Cahiers 3, 243면.

- **91** SG, 41면.
- **92** SG, 122면 이하.
- **93** SG, 47면 이하.
- **94** UG, 171면.
- **95** Cahiers 4, 117면.
- **96** SG, 152면.
- **97** SG, 48면.
- **98** SG, 49면.
- **99** Cahiers 3, 87면.
- **100** Cahiers 3, 367면.
- **101** Michel Serres, Das eigentliche Übel. Verschmutzen, um sich anzueignen?(진정한 해악. 자기 것으로 만들기 위해 오염시키기?), Berlin 2009, 56면 이하.
- **102** SG, 49면.
- **103** SG, 189면.
- **104** SG, 75면.
- **105** Martin Heidegger, Wegmarken, Frankfurt am Main 1967, 55면. 《이정표 1, 2》(신상희 역, 한길사, 2005)
- **106** SG, 189면 이하.
- **107** SG, 189면.
- **108** Cahiers 4, 20면.
- **109** SG, 119면.
- **110** SG, 160면.
- **111** Sören Kierkegaard, Die Lilie auf dem Feld und der Vogel unter dem Himmel. Drei Reden, Gott betreffend(들에 핀 나리꽃들과 하늘의 새들. 신에 관한 세 편의 강연문), Berlin 2024, 71면 이하.《들의 백합과 공중의 새》(이창우 역, 카리스아카데미, 2023)
- **112** Cahiers 4, 131면.
- **113** SG, 16면 이하.
- **114** 〈마태오 복음서〉 18장 21-22절.
- **115** UG, 169면.

116 SG, 17면.
117 UG, 214면.
118 UG, 215면.
119 UG, 19면.
120 UG, 21면.
121 UG, 241면.
122 UG, 248면.
123 UG, 246면.
124 UG, 249면.
125 UG, 79면.
126 UG, 211면.
127 UG, 79면.
128 같은 곳.
129 UG, 80면.
130 UG, 81면, 강조는 필자.
131 UG, 209면.
132 UG, 82면.
133 같은 곳.
134 UG, 170면.
135 SG, 23면.
136 SG, 12면.
137 SG, 13면.
138 SG, 11면.
139 SG, 16면.
140 Cahiers 1, 211면, 강조는 필자.
141 Cahiers 1, 210면.
142 UG, 164면.
143 〈요한 복음서〉 3장 5절.
144 UG, 138면.
145 같은 곳.
146 SG, 24면 이하.

147 SG, 23면.
148 SG, 29면.
149 SG, 25면.
150 SG, 18면.
151 SG, 20면.
152 SG, 23면.
153 SG, 27면.
154 Friedrich Nietzsche, Die fröhliche Wissenschaft, Gesammelte Werke, Kritische Studienausgabe, 3권, 558면.《즐거운 학문/메시나에서의 전원시/유고(1881년 봄~1882년 여름)》(안성찬, 홍사현 역, 책세상, 2005)
155 Cahiers 3, 18면.
156 Giorgio Agamben, Herrschaft und Herrlichkeit. Zur theologischen Genealogie von Ökonomie und Regierung(지배와 영광. 경제와 정부의 신학적 기원에 관하여), Berlin 2010, 300면.《왕국과 영광: 오이코노미아와 정부의 신학적 계보학을 향하여》(박진우, 정문영 역, 새물결, 2016. 원제 Il Regno a la Gloria)
157 UG, 96면.
158 Walter Benjamin, Gesammelte Schriften, VI권, Frankfurt am Main 1991, 197면.
159 Hugo von Hofmannsthal, Eine Monographie, Gesammelte Werke, B. Schoeller 편, Frankfurt am Main 1986, Reden und Aufsätze 1(강연문과 논문 1), 479 – 483면, 인용문은 479면.
160 Hugo von Hofmannsthal, Ein Brief, Gesammelte Werke, Erzählungen, erfundene Gespräche und Briefe(단편소설, 허구의 대화, 편지), 461 – 472면, 인용문은 467면.
161 같은 책, 471면.
162 Cahiers 3, 351면 이하.
163 Cahiers 2, 316면.
164 Cahiers 2, 145면.
165 Cahiers 3, 22면.

166 Cahiers 1, 144면.

167 Cahiers 1, 322면.

168 Cahiers 2, 143면.

169 Cahiers 3, 188면.

170 UG, 259면.

171 Friedrich Nietzsche, Menschliches, Allzumenschliches, 690면. 《인간적인 너무나 인간적인 1, 2》(김미기 역, 책세상, 2001)

172 Christian Gampert, Glattpoliert, kitschig, banal(매끄럽게 연마된, 저급한, 진부한): https://www.deutschlandfunk.de/glattpoliert-kitschig-banal-100.html.

173 Cahiers 2, 253면.

174 George Steiner, Von realer Gegenwart. Hat unser Sprechen Inhalt?(진짜 현재에 관하여. 우리의 말은 내용이 있을까?) München 1990, 295면.

175 같은 곳.

176 같은 책, 283면.

177 같은 책, 276면.

178 같은 책, 294면.

179 같은 책, 275면.

180 Cahiers 4, 325면.

181 SG, 163면.

182 Cahiers 2, 155면.

183 Platon, Politeia, 361e. 《국가·政體》(박종현 역, 서광사, 2005)

184 SG, 99면.

185 Cahiers 3, 109면.

186 SG, 162면.

187 같은 곳.

188 같은 곳.

189 SG, 161면.

190 UG, 195면.

191 Cahiers 3, 258면.

- **192** 같은 곳.
- **193** UG, 195면.
- **194** SG, 110면.
- **195** Cahiers 3, 25면.
- **196** SG, 161면.
- **197** Maurice Merleau-Ponty, Sinn und Nicht-Sinn, München 2000, 22면.《의미와 무의미》(권혁면 역, 서광사, 1990)
- **198** Cézanne, Über die Kunst, Gespräche mit Gasquet. Briefe(예술에 관하여. 가스케와 나눈 대화와 편지들), Hamburg 1957, 9면.
- **199** 같은 책, 9면 이하.
- **200** 같은 책, 20면.
- **201** Maurice Merleau-Ponty, Das Auge und der Geist. Philosophische Essays(눈과 정신. 철학적 에세이), Hamburg 1984, 15면.
- **202** UG, 119면 이하.
- **203** UG, 117면 이하.
- **204** UG, 120면.
- **205** Adorno, Ästhetische Theorie, Gesammelte Schriften, R. Tiedemann 편, 7권, Frankfurt am Main 1970, 115면.《미학이론》(홍승용 역, 문학과지성사, 1997)
- **206** Martin Heidegger, Die Technik und die Kehre(기술과 전환), Pfullingen 1962, 47면.
- **207** Ernst Jünger, Über den Schmerz, Sämtliche Werke, Essays I, 7권, München 1980, 143-191면, 인용문은 145면.《노동자·고통에 관하여·독일 파시즘의 이론들》(최동민 역, 글항아리, 2020)
- **208** 같은 곳.
- **209** Cahiers 3, 44면.
- **210** Cahiers 4, 9면.
- **211** UG, 122면.
- **212** 같은 곳.
- **213** UG, 146면.
- **214** Cahiers 2, 181면.

215 SG, 27면.
216 SG, 104면.
217 UG, 126면.
218 SG, 162면.
219 SG, 37면.
220 Cahiers 2, 267면.
221 Cahiers 3, 197면.
222 UG, 122면.
223 Friedrich Nietzsche, Also sprach Zarathustra. Ein Buch für Alle und Keinen, Kritische Studienausgabe, 4권, 20면. 《차라투스투라는 이렇게 말했다》(이진우 역, 휴머니스트, 2020)
224 von Weizsäcker, Die Schmerzen(아픔), 35면.
225 Walter Benjamin, Gesammelte Schriften, R. Tiedemann, H. Schweppenhäuser 편, VI권, Frankfurt am Main 1985, 83면.
226 SG, 166면.
227 Simone Weil, Fabriktagebuch und andere Schriften zum Industriesystem(공장일기와 기타 산업 시스템에 관한 글들), Frankfurt am Main 1978, 30면.
228 Michel Foucault, Überwachen und Strafen. Die Geburt des Gefängnisses, Frankfurt am Main 1977, 173면. 《감시와 처벌》(오생근 역, 나남출판, 2020)
229 같은 책, 174면 이하.
230 SG, 167면.
231 SG, 41면.
232 SG, 166면.
233 Elias Canetti, Aufzeichnungen(비망록) 1992 – 1993, München 1996, 31면.
234 SG, 153면.
235 Simone Weil, Aufmerksamkeit für das Alltägliche(일상적인 것에 대한 주의), München 1987, 73면.
236 Cahiers 2, 183면.

237 SG, 164면.
238 Cahiers 1, 355면.
239 Cahiers 4, 159면.
240 Cahiers 1, 114면 이하.
241 SG, 167면.
242 Cahiers 4, 117면.
243 Cahiers 2, 287면.
244 Cahiers 4, 57면.
245 Cahiers 1, 150면.
246 SG, 195면.
247 Simone Weil, Von der Schwierigkeit, den Kopf zum Himmel zu heben(하늘을 향해 머리를 들기 어려운 상황에 관하여), Frankfurt am Main 2023, 112면.
248 같은 책, 104면.
249 같은 책, 112면.
250 UG, 200면.
251 SG, 194면.
252 SG, 130면.